Souvenirs de mes ancêtres

Photos de familles bretonnes – Pays du Léon avant 1950

Stéphane Gilet

DÉDICACE

À tous mes ancêtres du Pays du haut Léon, infatigables travailleurs de la terre.

À mon père, Yves Gilet, sans lequel ce livre n'aurait jamais pu voir le jour. Il est la mémoire de la famille.

À Jean-Claude Gilet (1937-), cousin de mon père, Yves Gilet (1935-2025) pour son aimable contribution à l'élaboration de cet ouvrage.

TABLE DES MATIÈRES

PRÉFACE

Anjela Duval[1] poétisait sa terre le soir à la lumière d'une lampe. Stéphane Gilet redonne vie à ses ancêtres. Des hommes et des femmes posent pour des photographies. Autant de témoignages en images d'une époque aujourd'hui révolue.

Avec ce livre, il s'attache à entretenir une mémoire familiale bretonne à travers des photos anciennes (avant 1950). Car c'est la mémoire qui donne sens au présent. Elle assure à la fois la survivance du passé et la persistance du présent dans l'avenir.

---

[1] https://www.anjela.org/
Anjela Duval est une femme qui, le jour, cultivait la terre de sa petite ferme, Traoñ-an-Dour, sur la commune du Vieux-Marché, et qui, le soir, sortait ses cahiers et écrivait des poèmes en langue bretonne.

INTRODUCTION

La famille Gilet est historiquement ancrée en Bretagne dans le Nord Finistère (Haut-Léon) autour des villes de Saint-Pol-de-Léon, de Sibiril, de Plougoulm, de Santec, de Roscoff depuis le XVIe siècle.

Il s'agit d'une famille, par tradition, de cultivateurs qui a notamment développé le commerce de l'oignon rosé 11 [2] de Roscoff en Angleterre au XIXe siècle.

Une partie de la famille a migré de la région de Sibiril à Guimaëc après la Seconde Guerre mondiale par nécessité économique.

La famille a toujours été très attachée à la culture et à la langue bretonne.

Les hommes portaient le costume traditionnel breton et les femmes, la coiffe traditionnelle de la région de Saint-Pol-de-Léon (la chikolodenn).

____

[2] Stéphane Gilet a été lui-même vendeur (Johnny) de ces oignons à la fin des années 80 à Cardiff (Pays de Galles).

Famille Gilet

1905

Famille d'Yves Gilet[3] (1863-1935) et de Françoise Cabioch (1869-1956)

<u>Au premier rang de gauche à droite</u> : Yves Gilet (1863-1935), Hervé Gilet (1903-1961), Françoise Cabioch (1869-1956) et sa fille Marie Louise Gilet (1892-1988), qui tiennent sur leurs genoux, les jumeaux, Marianne Gilet (1904-1993) et Louis Gilet (1904- ?), Christophe Gilet [4] (1901-1965), Marguerite Prigent [5] (1834-1912), mère de Françoise Cabioch (1869-1956)

<u>Au deuxième rang de gauche à droite</u> : Claude Gilet (1897-1918), François Gilet (1889-1963), Jean Marie Gilet (1891- ?), Françoise Gilet (1895-1935), Yves Gilet (1899-1982)

---

[3] Arrière-grands-parents de Stéphane GILET, auteur
[4] Grand-père de Stéphane GILET, auteur
[5] Arrière-arrière-grand-mère de Stéphane GILET, auteur

Famille Gilet

1948

<u>De haut en bas et de gauche à droite</u> :

Louise Joséphine Marie Ollivier (1904-1997), 44 ans

Christophe Gilet (1901-1965), 47 ans

Marie Claude Gilet (1944-2002), 4 ans

Louis Marie René Gilet (1936-1988), 12 ans

Yves Louis Marie Gilet [6] (1935-2025), 13 ans

Claude Marie Gilet (1933-2007), 15 ans

---

[6] Père de Stéphane GILET, l'auteur

La carte de familles nombreuses donnant droit à des réductions SNCF sur les tarifs généraux

Marie Claude Gilet et Louis Marie René Gilet

1948

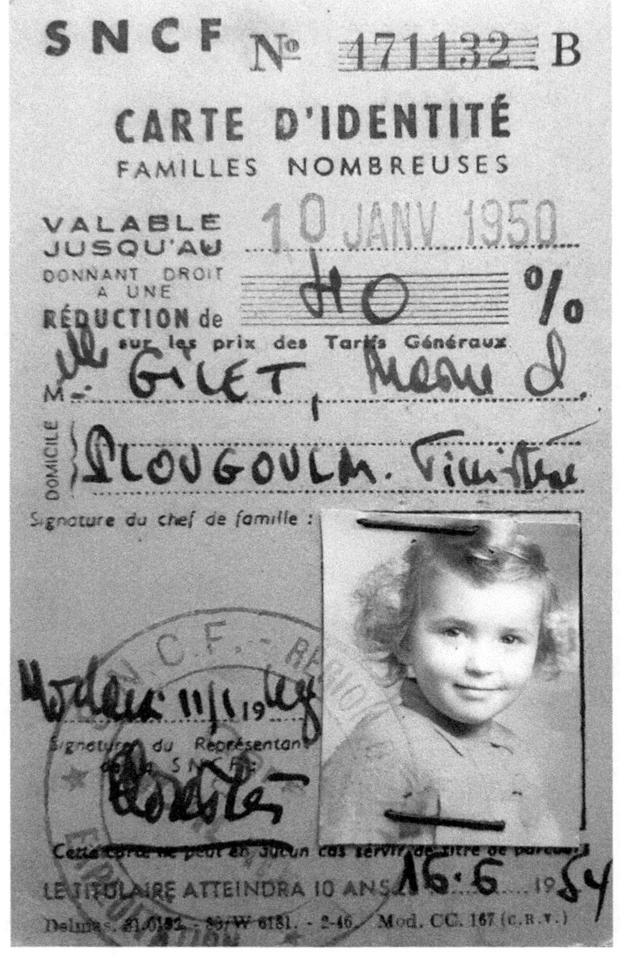

4 ans

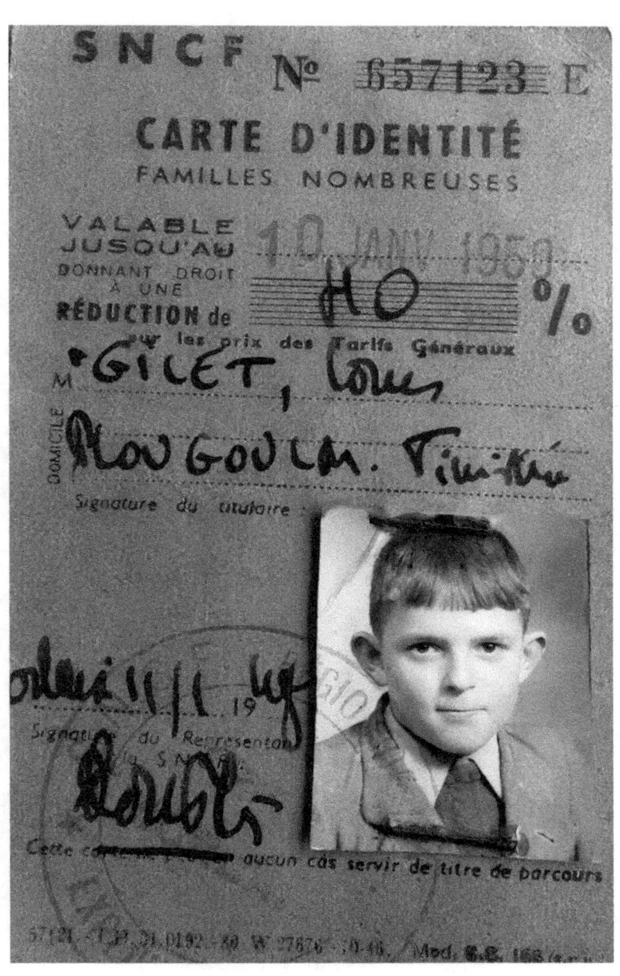

12 ans

Claude Marie Gilet

1948

15 ans

Louise Joséphine Marie Gilet
et Christophe Gilet

1948

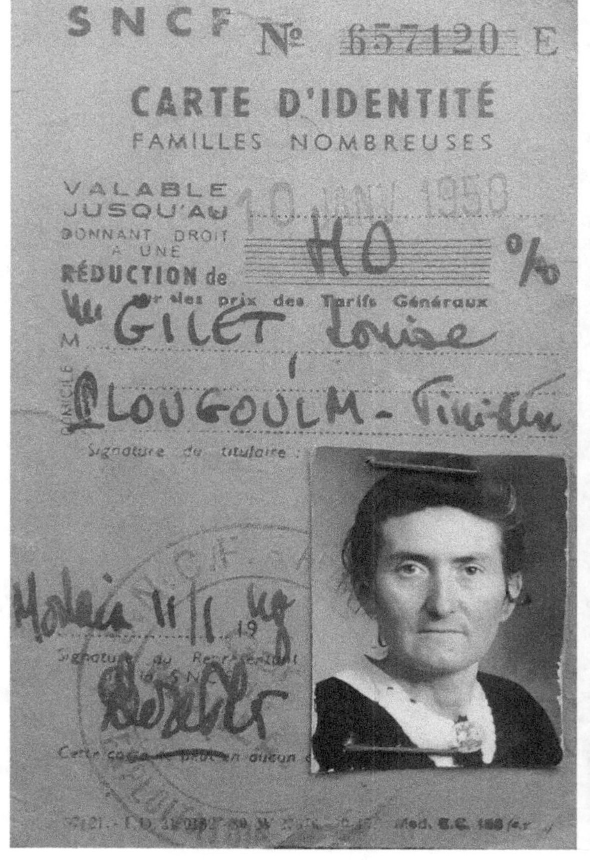

44 ans

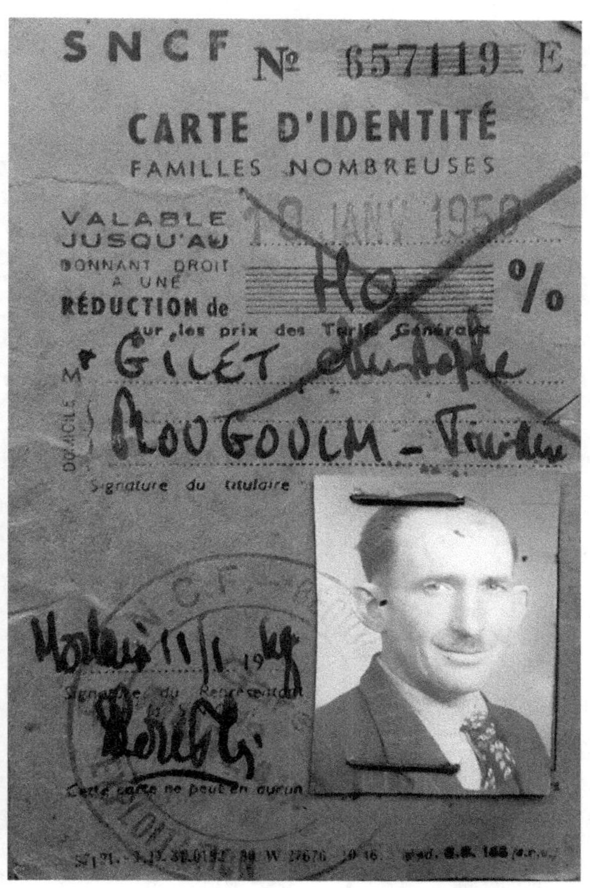

47 ans

Elle porte la coiffe de Plougoulm.

Louise Joséphine Marie Gilet

CARTE D'IDENTITÉ

Nom : *Mme Gillet née Olivier*
Prénoms : *Marie Louise*
Profession : *Cultivatrice*
Né le : *mars 1904*
à : *Plougoulm*
Département : *Finistère*
Nationalité : *française*
Domicile : *Plougoulm*

TIMBRE FISCAL
13 FRANCS

SIGNALEMENT

Taille : *1m 64*	Nez { Dos ... base
Cheveux : *châtains*	Dimensions :
Moustache :	Forme du visage : *ovale*
Yeux : *marrons*	Teint : *ordinaire*

Signes particuliers : *Néant*

Empreinte digitale

Le Titulaire :

Les Témoins :

Vu pour légalisation :

Le *7 Juillet 1946*

1.50 FRANC

Mariage

Christophe Gilet (1901-1965) et
Louise Joséphine Marie Ollivier (1904-1997)

Mariage[7] — 29/04/1932 — Sibiril

GILET Christophe

Cultivateur, âgé de 30 ans (majeur), né le 19/06/1901 à St Pol de Léon,

fils de Yves, Cultivateur et de Françoise CABIOCH, Cultivatrice

Notes époux : Époux signe domicilié à St Pol de Léon

OLLIVIER Louise Joséphine Marie

Cultivatrice, âgée de 28 ans (majeure), née le 07/03/1904 à Plougoulm,

fille de Tanguy Jean Joseph, Cultivateur et de Marie Renée KERANGUEVEN, décédée

Notes épouse : Épouse signe, domiciliée à Sibiril

Témoins : ROHOU Maudez, retraité de la marine signe et KERIVEN Pierre, électricien signe tous deux de Sibiril.

---

[7] Acte importé du Centre de Généalogie du Finistère

Christophe Gilet
et Louise Joséphine Marie Ollivier

Les trois frères :

Yves (13 ans) en haut
Louis (12 ans) à gauche
Claude (15 ans) à droite

Yves, Louis et Claude Gilet

1948

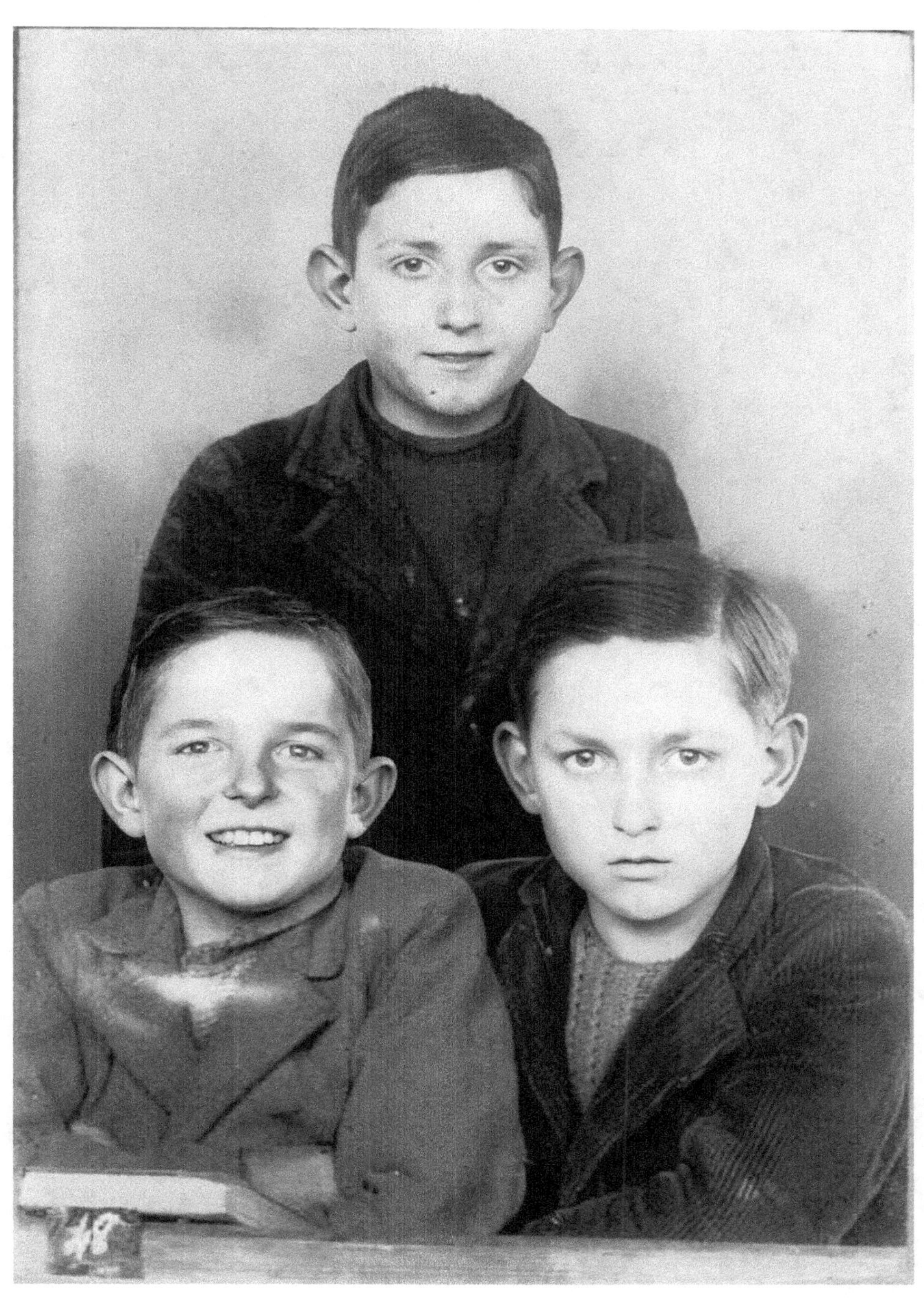

Yves Louis Marie Gilet

1948

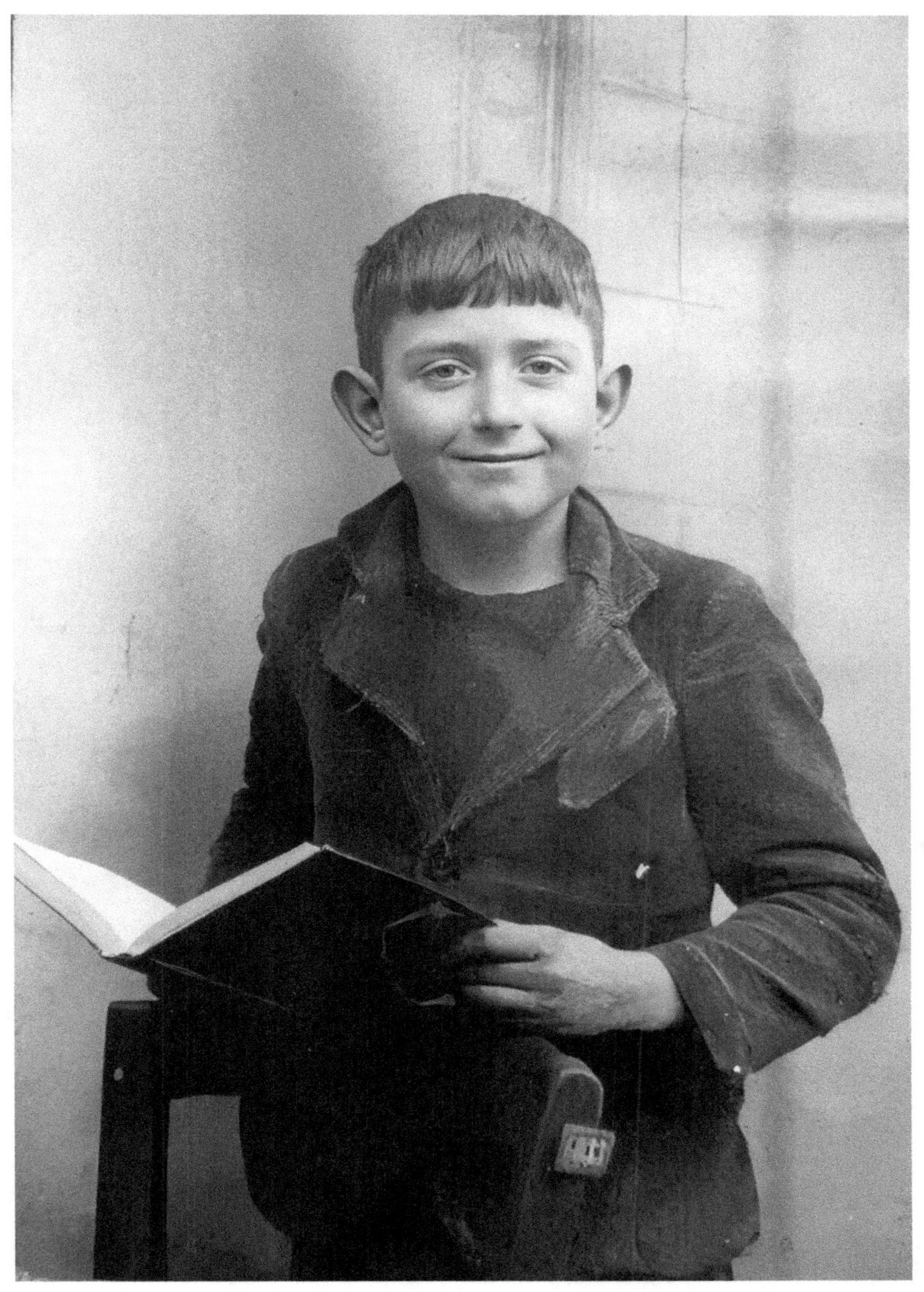

13 ans

Louis Marie René Gilet

1948

12 ans

Plougoulm

3 mars 1935

Baptême d'Yves Louis Marie Gilet

Anne Marie AUTRET (1906-1937) tient Yves dans ses bras et devant elle, portant la coiffe, se trouve Marguerite OLLIVIER (1900-1986), la marraine d'Yves.

Yves Gilet

Mars 1935

Yves Gilet[8]
(1935-2025)

Plougoulm

Le 22 octobre 1949

---

[8] A noté que son nom, comme celui de son père, est orthographié GILLET avec deux L alors qu'il est écrit GILET à l'état civil. Signé GILET avec un L.

Yves Gilet

DÉCLARATION
D'APPRENTISSAGE AGRICOLE
DANS LA FAMILLE.

Enregistré le 12 NOV. 1949

2780

Le soussigné _Gillet Christophe_
(Nom, prénoms du père ou, à défaut, de la mère veuve ou, à défaut, du représentant légal.)

Profession : _Cultivateur_

Domicile : _Boulevard Beaujardin_

Agissant en qualité _Père_
(Père, mère ou représentant du mineur.)

du jeune _Gillet Eh. Yves, né le 3 mars 1935_
(Nom, prénoms, âge, domicile du mineur.)
demeurant à Boulevard en Beaujardin

déclare, en vertu de l'article unique de la loi du 18 janvier 1929 sur l'apprentissage agricole, modifiée par l'ordonnance du 24 octobre 1945, qu'il entend employer d'une façon complète ledit mineur comme apprenti dans son établissement sis à l'adresse ci-dessus indiquée et qu'il s'engage à lui enseigner la profession de _Cultivateur_ et à ne l'employer habituellement qu'aux travaux et services qui se rattachent à l'exercice de cette profession.

L'apprentissage, qui aura une durée de _3 ans_, commencera le _1ᵉʳ octobre 1949_ pour prendre fin le _1ᵉʳ octobre 1952_.

Le déclarant s'engage à donner à l'apprenti toutes facilités pour lui permettre de se perfectionner en suivant tous enseignements susceptibles de parfaire sa formation professionnelle.

Le déclarant fournira à ce sujet toutes justifications utiles.

Il sera poursuivre à l'enfant son apprentissage en vue d'une formation professionnelle méthodique et complète et s'engage à la faire constater en faisant subir à l'enfant dans les conditions fixées par le Ministre de l'Agriculture tous examens professionnels en cours d'apprentissage et, en fin d'apprentissage, l'examen d'aptitude professionnelle prévu par la loi du 18 janvier 1929.

Fait en double exemplaire.

A _Beaujardin_, le _22 octobre_ 19_49_.

(Signature du déclarant.)

Gilet

Yves Gilet
(1935-2025)

Landerneau

Le 29 juin 1953

SYNDICAT DE L'ENSEIGNEMENT
AGRICOLE & MÉNAGER
DU FINISTÈRE & DES COTES-DU-NORD
COURS PAR CORRESPONDANCE

CERTIFICAT
DE FIN D'APPRENTISSAGE AGRICOLE

Décerné à l'Élève   Gillet Yves

La Direction,

Landerneau, le   29 Juin 1953

Claude Marie Gilet

L'école vers 1940

Troisième rang en partant du bas,
le premier à droite

Claude Marie Gilet

Lanmeur en 1951

<u>De gauche à droite</u> :
Guy Lariagon à l'accordéon, Henri Cabioch, tenant un enfant dans ses mains, Yvonne Lariagon [9] (1934-2017) et Yves Louis Marie Gilet (1935-2025)

---

[9] Elle deviendra l'épouse de Claude Marie Gilet (1933-2007). Elle est la sœur de Guy Lariagon.

La kermesse à Lanmeur

1935

Christophe Gilet : 34 ans
Louise Joséphine Marie Gilet : 31 ans
Claude Gilet : 18 mois

Christophe Gilet,
Louise Joséphine Marie Gilet
et Claude Gilet

À gauche : Marie François Perrine Le Bris (1912-1993), mariée avec Jean Pierre Ollivier (1902-1949), frère de Louise Joséphine Marie, le 9 août 1933 à Sibiril.
Elle tient Yves Gilet, fil de Louise Joséphine Marie Ollivier.

À droite : Louise Joséphine Marie Ollivier tient Marie Thérèse Ollivier, fille de Marie Françoise Perrine Le Bris.

Yves Gilet

1935

Années 1930

Louise Joséphine Marie Gilet

Louise Joséphine Marie Ollivier,
mariée à Sibiril le 29 avril 1932
avec Christophe Gilet

Louise Joséphine Marie Ollivier

Entre 1910 et 1915

À l'école.

Enfants de Tanguy Jean Joseph Ollivier (1869-1940) et Marie Renée Kerangueven (1871-1929)

<u>Au centre en haut</u> : Marguerite (1900-1986)
<u>À droite</u> : Jean Pierre (1902-1949)
<u>À gauche</u> : Louise Joséphine Marie [10] (1904-1997)
<u>au centre en bas</u> : Laurent Marie (1906-1985)
<u>à droite en bas</u> : René François Marie (1909-1973)

---

[10] Grand-mère de Stéphane GILET, auteur.

Les enfants Ollivier

<u>Debout : de gauche à droite en haut</u> :

Jean Marie Gilet
(1891- ?)
Hervé Gilet (1903-1961)
Yves Gilet (1899-1982)

<u>Assis : de gauche à droite en bas</u> :

Claude Gilet (gazé en 1918)
(1897-1918)
Christophe Gilet (1901-1965)

Christophe Gilet et ses frères

Ils s'apparentent
à la famille Gilet.

Tonton Jean Bar et tante Lucie

Hervé Gilet (1903-1961) et Anne Marie Autret
(1906-1937)

Mariage le 24 novembre 1931
à Saint-Pol-de-Léon

Hervé Gilet et Anne Marie Autret

Hervé Gilet (1903-1961) et Anne Marie Autret
(1906-1937)

Mariage le 24 novembre 1931
à Saint-Pol-de-Léon

Jean Marie Gilet (1891- ?), frère de Christophe Gilet

Photo début 1900

Jean Marie Gilet

Jean Marie Gilet (1891- ?), frère de Christophe
Gilet, marié le 18 octobre 1920
avec Marie Joséphine Jaffres (1899- ?)

Jean Marie Gilet

Christophe Gilet (1901-1965)

Christophe Gilet

Claude Gilet (1897-1918)[11]
Frère de Christophe Gilet (1901-1965)

---

[11] Guerre de 1914/1918 - Saint-Pol-de-Léon « Cimetière communal » (Finistère) (Inscrit sur le monument aux Morts) - Terre - Soldat - 59e régiment d'infanterie - Mort pour la France (gaz asphyxiants dans les tranchées) à Cempuis (ambulance 1/86) (Oise) à l'âge de 21 ans.

Claude Gilet

<u>À droite</u> : Claude Gilet avant le 3 septembre 1918, jour de son décès dans l'Oise.

Claude Gilet

Haras du Pin

1er décembre 1929

Yves Louis Marie (1897-1981)
Frère de Louise Joséphine Marie Ollivier

En tenue de palefrenier[12]

---

[12] Premier sous-chef, puis étalonnier au haras du Pin dans l'Orne

Yves Louis Marie Ollivier

Yves Gilet (1899-1982)[13]

Frère de Christophe Gilet

Photo prise avant 1920

---

[13] Il se mariera le 21 novembre 1931 à Saint-Pol-de-Léon avec Marie Francine Paugam (1901-1946), tous deux cultivateurs.

Yves Gilet

Hervé Gilet (1903-1961) avec sa seconde épouse, Claudine Milin (1901-1989), mariage le 9 novembre 1955 à Plougoulm[14]

---

[14] Hervé est le père de Jean Claude Gilet (1937-) et de Louise Gilet (1932-2002).

Hervé Gilet et Claudine Milin

Plouzévédé

Creac'h Piguet

François Gilet (1989-1963) tenant dans ses bras[15] son neveu Jean Claude Gilet (1937-) et son épouse Françoise Tanguy (1891-1970)

---

[15] Jean-Claude **Gilet** a été élevé par le couple après le décès de sa mère, Anne Marie AUTRET (1906-1937), décédée un mois et quinze jours après la naissance de son fils.

François Gilet et Françoise Tanguy

Françoise Tanguy [16] (1891-1970), épouse de François Gilet (1889-1963)

Mariage[17] — 20/01/1914 — Plouénan
GILET François
Cultivateur (majeur), né le 25/05/1889 à St Pol de Léon,
fils de Yves, présent et de Françoise CABIOCH, présente

TANGUY Françoise
Cultivatrice (majeure), née le 05/03/1891 à Plouénan,
fille de Hervé, décédée et de Anne COMBOT, présente
<u>Témoins</u> : le brun louis 67 cult, guyader alain françois 51 cult, grall jacques 45 sabotier, tous tanguy 45 cult

---

[16] Photo restaurée par IA.
[17] Document importé du Centre de Généalogie du Finistère.

Françoise Tanguy

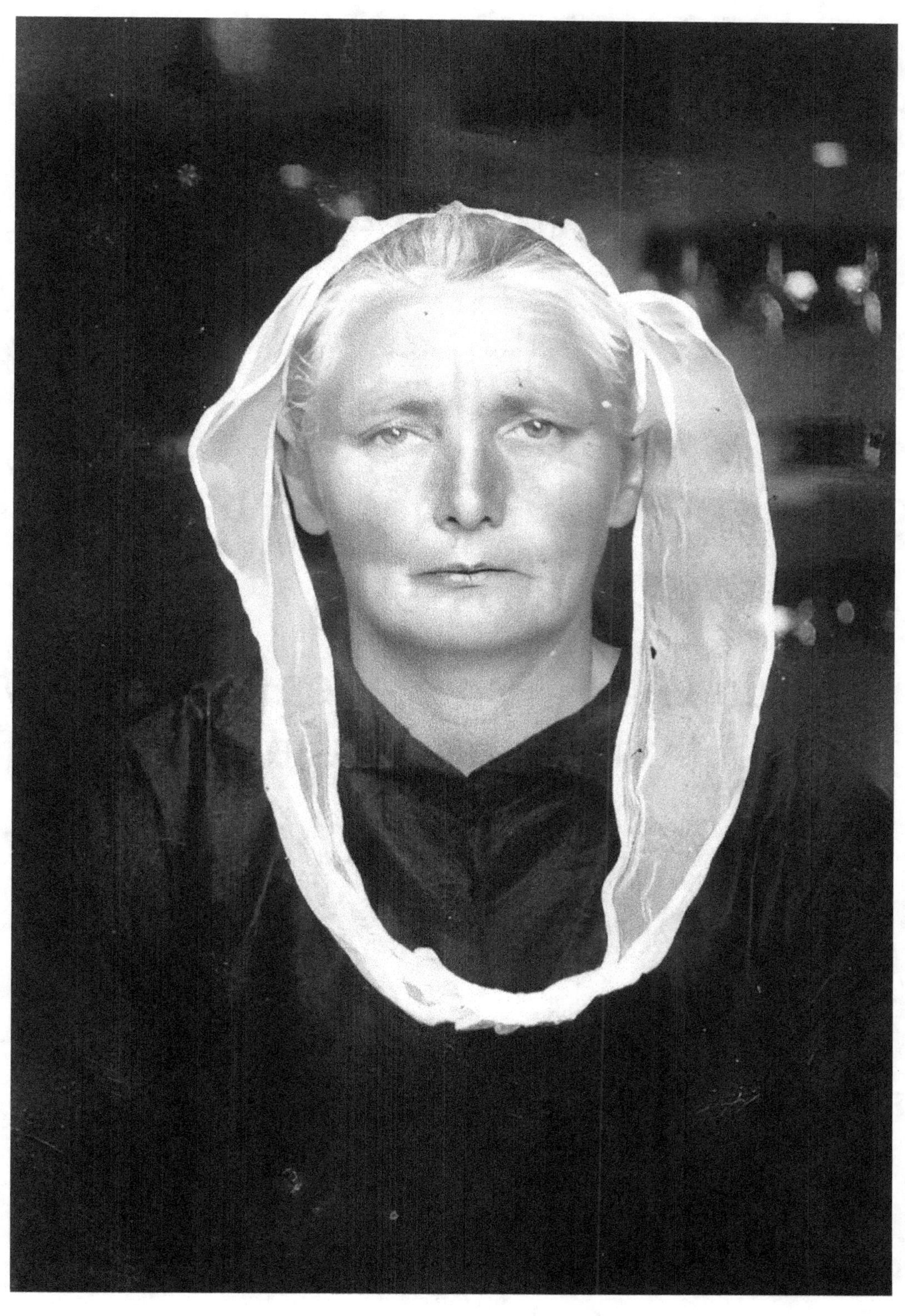

Vers 1940

François Gilet (1889-1963), Françoise Tanguy (1891-1970),

Jean Claude Gilet (1937-), l'enfant et un voisin qui tient le sabot du poulain

François Gilet et Françoise Tanguy

Plouzévédé

Creac'h Piguet

Jean Claude Gilet[18] (1937-) devant la porte de la maison de son oncle, François Gilet, et de sa tante, Françoise Tanguy

---

[18] On voit sur son genou gauche les cicatrices de sa brûlure faite à l'âge de 3 ans avec de l'huile bouillante.

Jean Claude Gilet

Marguerite Anna Ambroisine Fily, née en 1914 et mariée le 31 juillet 1945 à Lesneven[19] avec Yves Marie Gilet, né en 1916, fils de François Gilet et de Françoise Tanguy

Devant, ses deux enfants, Joseph et Jean, et derrière, Jean Claude Gilet (1937-), fils d'Hervé Gilet (1903-1961) et d'Anne Marie Autret (1906-1937)

---

[19] Ils étaient cultivateurs. Elle était spécialisée dans le pâté de lièvre.

Marguerite Anna Ambroisine Fily

Mariage le 10 mai 1940 à Plouzévédé

Mariage de Jean Jézéquel, né en 1917,[20] et de Marie Françoise[21] Gilet (1919-1986), fille de François Gilet et de Françoise Tanguy

<u>Les enfants</u> : à gauche avec la jambe bandée[22], Jean Claude Gilet à l'âge de trois ans

<u>Les adultes assis</u> : Jean Jézéquel et Marie Françoise Gilet

<u>Les adultes debout</u> : *de gauche à droite*, Marguerite Fily et son fiancé, Yves Marie Gilet, fils de François Gilet et Françoise Tanguy, un frère de Marguerite Fily, Marie Thérèse Quéré (née le 14 décembre 1920), fille de Jean François Quéré et de Marie Louise Gilet (1892-1988), fille de Yves Gilet (1863-1935) et de Françoise Cabioch (1869-1956)

---

[20] Il était *quartier-maître, chauffeur* de la marine. Son mariage en 1940 a été autorisé par le CA du croiseur Émile Bertin, le 23 avril 1940.

[21] Appelée Soize.

[22] En s'approchant de l'âtre de la cheminée où reposait une grosse marmite pleine d'huile chaude, en appuyant sa main sur le rebord, il a fait basculer l'huile sur sa jambe et a été gravement brûlé.

Jean Jézéquel
et Marie Françoise Gilet

En 1942

Jean Claude Gilet (1937-) et Louise Gilet
(1932-2002)

Enfants d'Hervé Gilet (1903-1961)
et d'Anne Marie Autret (1906-1937)

Jean Claude et Louise Gilet

Le 22 mai 1949 à Plouzévédé

Communion à 13 ans de
Jean Claude Gilet (1937-)

Jean Claude Gilet

Lieu de naissance de
Jean Claude Gilet (1937-)

Ty Nevez[23] à Kerhuel

Plouénan[24]

____

[23] En français : La nouvelle maison.
[24] La photo date des années 1970.

Lieu de naissance de
Jean Claude Gilet (1937-)

Ty Nevez à Kerhuel

Plouénan

Classe de CM1-CM2

1945-1946 à Plouzévédé

Jean Claude Gilet (1937-) est au troisième rang (le 6 -ème en partant de la gauche)

Jean Claude Gilet (1937-)
devant la maison de son oncle, François Gilet
et de sa tante Françoise Tanguy, à Creac'h
Piguet (Plouzévédé)

<u>Assis</u> : Jean Claude Gilet (1937-) et son oncle François Gilet (1889-1963)

<u>Debout à gauche</u> : un frère de Marguerite Fily (1914- ?).

<u>À ses côtés</u>, Françoise Tanguy (1891-1970)

<u>À droite</u> : Marie Françoise Gilet (1919-1986) et son mari Jean Jézéquel (1917- ?)

François Gilet et Françoise Tanguy

Marie Françoise (SOIZE) Gilet, née en 1919, fille de François Gilet et Françoise Tanguy et Jean Claude Gilet, son cousin, près du puits à Creac'h Piguet

Marie Françoise Gilet

Entre 1940 et 1941

Première communion de Louise Gilet [25]
(1932-2002)
à Saint-Pol-de-Léon

---

[25] Elle est la sœur de Jean Claude Gilet (1937-) et la fille d'Hervé Gilet (1903-1961) et d'Anne Marie Autret (1906-1937). Recueillie dans un premier temps avec son frère par leur tante, Marie Anne Gilet (1904-1993) et son mari, Guillaume Rohou (1901-1973), elle fut élevée par son autre tante, Françoise Gilet (1895-1935) et son époux, Laurent Méar (1896- ?). Durant son éducation, elle passa beaucoup d'années dans un pensionnat religieux.

Louise Gilet

Familles de Marie Françoise Gilet (1919-1986) et de son mari Jean Jézéquel (1917- ?). Famille d'Yves Marie Gilet[26] (1916-1980) et de Marguerite Anna Ambroisine Fily (1914-1995)

Vers 1939

Sur cette photo, accroupi <u>au centre</u> Jean Jézéquel, époux de Marie Françoise Gilet.

<u>Au premier rang de gauche à droite</u> : une nièce du côté Jézéquel, Jean Jézéquel, Jean Claude Gilet à l'âge de trois ans

<u>Au deuxième rang de gauche à droite</u> : une sœur à Jean Jézéquel, un frère de Marguerite Anna Ambroisine Fily, Marguerite Anna Ambroisine Fily, Marie Françoise Gilet, François Gilet et sa mère, Françoise Cabioch[27] (1919-1986)

<u>Au troisième rang de gauche à droite</u> : « tante Soize », un frère de Jean Jézéquel et son épouse, une sœur Jézéquel.

---

[26] Yves Marie Gilet était un fils de François Gilet (1889-1963) et de Françoise Tanguy (1891-1970).
[27] Arrière-grand-mère de Stéphane Gilet, auteur.

Familles Gilet, Jézéquel, Fily

Sur cette photo, accroupi au centre,
Yves Gilet, époux de Marguerite Anna
Ambroisine Fily, a remplacé Jean Jézéquel.

Joseph GILET[28]

(?-2015)

Église paroissiale de Plouzévédé

Le 23 mai 1954

Souvenir de ma communion solennelle.

À Creach Piguet

---

[28] Joseph est le fils d'Yves Marie Gilet (1916-1980) et de Marguerite Anna Ambroisine Fily (1914-1995). C'est un petit fils de François Gilet (1889-1963) et de Françoise Tanguy (1891-1970).

Joseph GILET

Le 4 novembre 1961[29]

Le Havre

Chapelle Saint-Joseph

Mariage de Jean Claude Gilet (1937-)
et de Geneviève Antin[30]

---

[29] Cette photo est de 1961, l'auteur l'a intégrée pour montrer son parcours de l'enfance à l'adolescence et jusqu'à son mariage.

[30] Descendante de Louis Henri de Pardaillan de Gondrin, marquis de Montespan et d'Antin, marié à Françoise-Athénaïs de Rochechouart de Mortemart, dite madame de Montespan. Favorite du roi Louis XIV.

Jean Claude Gilet et Geneviève Antin

Louise Joséphine Marie Ollivier

Louise Joséphine Marie Ollivier

Plougoulm

1934

Yves Marie Auffret (1898-1966)
Marié le 7 juillet 1925 à Plougoulm avec Marguerite Ollivier (1900-1986)

<u>Enfants</u> :

<u>En haut</u> : Jean
<u>En bas</u> : Joseph (3 ans)

Yves Marie Auffret
et Marguerite Ollivier

À 4 mois.

Fils de Madeleine Auffret, elle-même fille de Marguerite Ollivier[31] (1900-1986)

---

[31] Une sœur de Louise Joséphine Marie Ollivier (1904-1997).

Christian Jacques

<u>De gauche à droite</u> :

Marie Françoise Perrine Le Bris[32] (1912-1993) et son mari Jean Pierre Ollivier (1902-1949), frère de Louise Joséphine Marie Ollivier (1900-1986), *propriétaires de la ferme* de Kerebars à Sibiril avec leur fille, Marie Thérèse Ollivier (1935- ?), Tanguy Jean Joseph Ollivier [33] (1869-1940) tenant par la main sa petite-fille.

Yves Marie Auffret (1898-1966) <u>à droite</u> (mari de Marguerite Ollivier) et Joseph Auffret, son fils

---

[32] Elle était rentrée comme domestique à la ferme de Kerebars
[33] Arrière-grand-père de Stéphane Gilet, auteur.

Familles Ollivier, Auffret et Le Bris

Frère de Louise Joséphine
Marie Ollivier à une fête de village

<u>À gauche</u> : René François Ollivier (1909-1973), marié le 7 janvier 1944 à Plougoulm avec Marie Jeannie Ollivier (1904-1978)

René Ollivier et un ami

Maris et femmes

<u>De gauche à droite</u> :

Christophe Gilet (1901-1965)
et Louise Joséphine Marie Ollivier (1904-1997)

Yves Louis Marie Ollivier (1897-1981)
et Louise Angèle Balavoine (1902-2004)

Yves Marie Laot (1899-1963), *palefrenier* au Haras du Pin, époux d'Anne Marie Pouchard (1928-1963)

Les couples Gilet et Ollivier

Marie Renée Kerangueven (1876-1929)
et Tanguy Jean Joseph Ollivier (1869-1940)[34]

Grand-mère maternelle [35]
et grand-père maternel
D'Yves Louis Marie Gilet (1935-2025)

---

³⁴ Mariés le 11 juin 1896 à Sibiril.

³⁵ Descendante de Philippe Kerangueven (1735-1790) commandant les troupes de Cléder, Sibiril et Plougoulm durant la Révolution française. Les Kerangueven ont été également les principaux métayers du château de Kerouzéré à Sibiril.

Marie Renée Kerangueven et Tanguy Jean Joseph Ollivier

Tanguy Jean Joseph Ollivier (1869-1940)

Il est en costume breton traditionnel.

Tanguy Jean Joseph Ollivier

Cession de la ferme de Kerebars

1932

TANGUY Jean Joseph Ollivier (1869-1940) pour sa fille et son gendre, Louise Joséphine Marie Ollivier (1904-1997) et Christophe Gilet (1901-1965)

L'acte a été rédigé à Saint-Pol-de-Léon, le même jour que leur mariage le 29 avril 1932 à Sibiril

Acte notarial

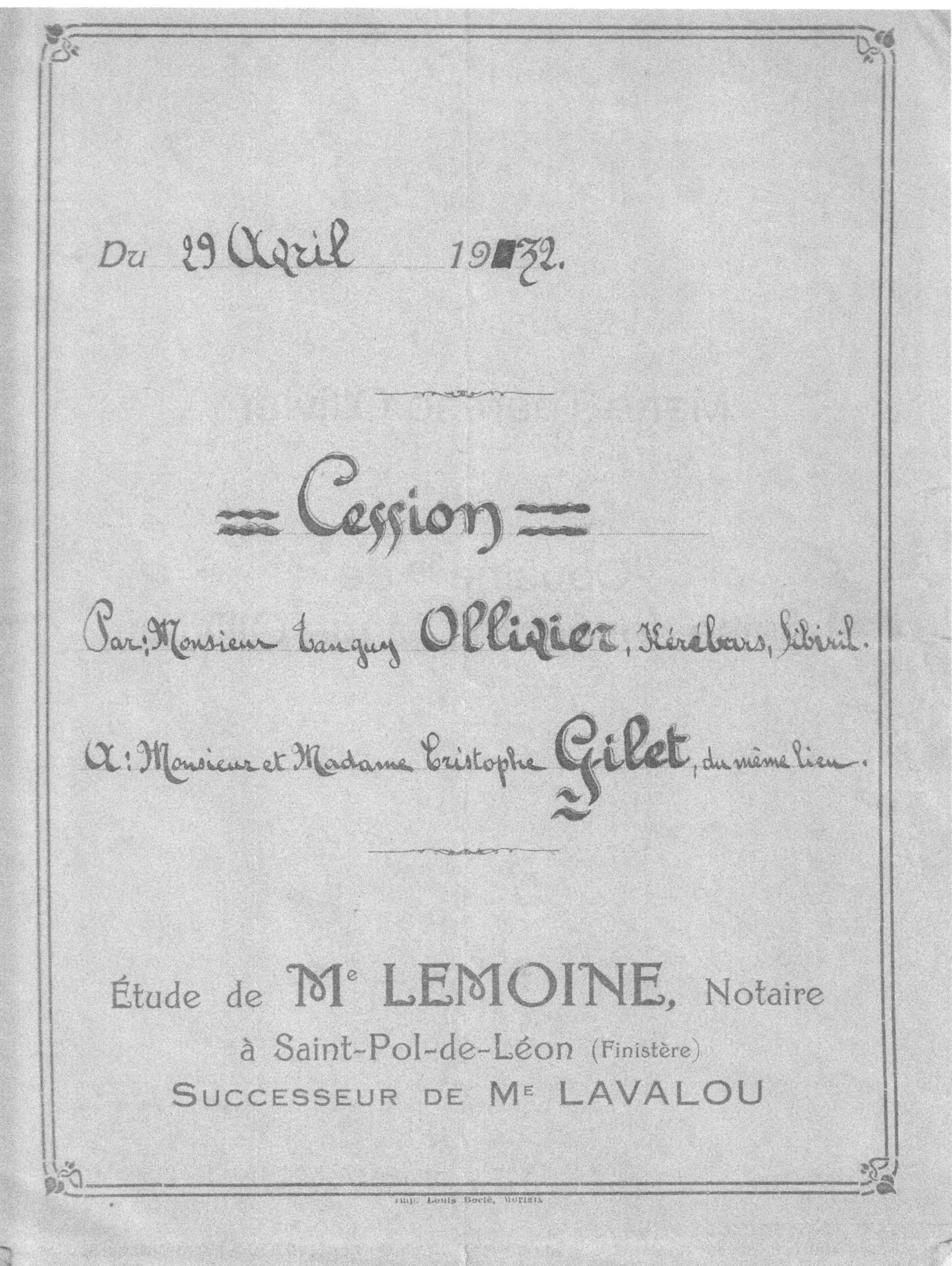

Marie Thérèse Ollivier

Cousine[36] de
Louise Joséphine Marie Ollivier

---

[36] Il existe une Marie Thérèse Ollivier, née en 1935, fille de Jean Pierre Ollivier (1902-1949) et de Marie Perrine Le Bris (1912-1993), elle serait donc une nièce à Louise Joséphine Marie Ollivier (1904-1997) et non une cousine.

Marie Thérèse Ollivier

Jean Henez

De la famille de Louise Joséphine Marie Ollivier

Jean Henez

Mariage

9 août 1933

Sibiril

Laurent Ollivier (1906-1985)
et Marie Françoise Jézéquel (1915-1968)

Laurent Ollivier et Françoise Jézéquel

Françoise Jézéquel

Femme de Laurent Ollivier
portant l'habit de zouave de son mari

Françoise Jézéquel

Souvenir du 2 avril 1934

Laurent Ollivier et Françoise Jézéquel

Laurent Ollivier et Françoise Jézéquel

Françoise Jézéquel, Laurent Ollivier et certainement la mère de Françoise ; Marie Gabrielle Peron (1884-1973)

Laurent Ollivier et Françoise Jezequel

<u>À gauche</u> : Laurent Ollivier (1906-1985)
<u>À droite</u> : Yves Laot (1899-1963)

Laurent Ollivier

Premier enfant <u>à droite</u> :

Renée Yvonne Ollivier (1938- ?), fille de
Laurent Ollivier, également en photo portrait

Rénée Yvonne Ollivier

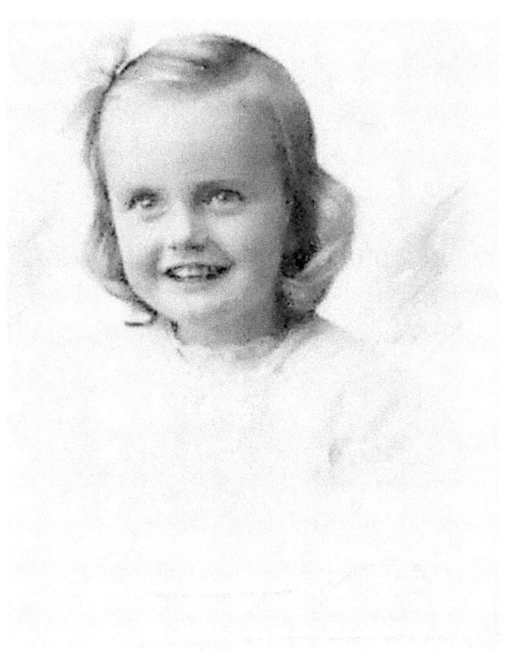

21 juillet 1938

Renée Ollivier
(3 mois et 6 jours)
dans les bras de son père

Laurent Ollivier et sa fille Renée

Annie Ollivier

Fille de Laurent Ollivier
10 mois

Annie Ollivier

Marie José MOAL

Basilique de Saint-Pol-de-Léon

Les 24 et 25 mai 1951

Souvenir de ma communion et de ma
confirmation

Du côté de Laurent Marie OLLIVIER (1906-
1985)

Marie José MOAL

Yves Ollivier (1897-1981), marié le 10 avril 1926 à Javron-les-Chapelles avec Louise Angèle Balavoine (1920-2004)

<u>Dans ses bras</u> : Maryvonne à gauche [37] et Louisette à droite (1927-1989)

---

[37] Née en 1931. Elle vit à Lisieux et a 95 ans en 2026.

Yves Ollivier et ses deux filles

Maryvonne Ollivier (à gauche)
et Louisette Ollivier (à droite)

Maryvonne et Louisette Ollivier

Le 30 octobre 1927 au haras du Pin

Louisette Ollivier à 7 mois

Louisette Ollivier

Mariage dans la famille Gilet

Avant 1930

<u>Premier rang de droite à gauche</u> : Christophe Gilet (1901-1965) est à la troisième place, son père Yves Gilet (1863-1935) est à la cinquième place et sa mère, Françoise Cabioch (1869-1956) est à la neuvième place.

<u>Au troisième rang deuxième et troisième personne en partant de la droite</u> : Françoise Tanguy (1891-1970) portant la coiffe et son mari, François Gilet (1889-1963).

Famille Gilet

Communion de la fille aînée

Hervé Kerangueven [38] (1869-1929), frère de Marie Renée Kerangueven avec sa femme Marie Renée Colin (1881-1944) et ses trois enfants à droite Rénia[39] (1905-1992), à gauche Jeannette (1911-1991) et Hervé François Louis (1902-1945), son fils

---

[38] Gendarme, garde républicain à cheval et à pied.

[39] Rénia et sa sœur deviendront institutrices. Hervé François Louis fera une carrière militaire avec le grade de commandant et décédera lors de la seconde Guerre mondiale.

Famille Kerangueven

Pèlerinage à Lourdes

Juin 1937

Christophe Gilet (1901-1965),
au deuxième rang debout,
premier à droite

Yves Marie Auffret
(1898-1966),
au dernier rang debout
au pied de la vierge

Christophe Gilet

Ferme de Keryer à Guimaëc

1949

Kléron
(Chien venant de Loclouar)[40]

Chien de la famille Gilet

---

[40] Le chat de la famille, introuvable durant le déménagement, a réapparu à la ferme quinze jours plus tard, ayant parcouru quarante kilomètres de Sibiril à Guimaëc.

Kléron

Christophe Gilet et son chien Kléron

Christophe Gilet

Yves Marie Laot[41] (1899-1963), frère d'Hervé Laot (1901-1962), marié à Saint-Pol-de-Léon le 25 septembre 1928 avec Anne Marie Pouchard (1928-1963)

---

[41] Il était palefrenier au Haras national du Pin, dans la commune du Pin-au-Haras, dans l'Orne, en Normandie.

Yves Marie Laot

Hervé Laot (1901-1962)[42]

Marié à Sibiril le 25 mai 1929 à Pauline Larvor (1902-1985), fils d'Yves Laot (1851-1915) et de Jeanne Louise Kerangueven (1861-1905), sœur de Marie Renée Kerangueven (1871-1929), arrière-grand-mère de Stéphane Gilet (1964-)

Cousin de Louise Joséphine Marie Ollivier (1904-1997)

---

[42] Il existe de nombreuses correspondances entre le cousin et la cousine sous forme de cartes postales et de lettres qui sont publiées dans un ouvrage intitulé « CORRESPONDANCES ».

Hervé Laot

Souvenir de mes 24 ans
29 juin 1925

(Écrit à l'encre noire de la main
d'Hervé Laot à l'arrière de la photographie)

Hervé Laot

Cousines de
Louise Joséphine Marie Ollivier

À gauche : Marie Louise Laot (1887-1929)
À droite : Anne Marie Laot (1889-1973)
Au milieu : Marie Laot (1895-1983)

Elles sont les sœurs d'Hervé Laot (1901-1962) et les filles d'Yves Laot (1851-1915) et de Jeanne Louise Kerangueven (1861-1905), sœur de Marie Renée Kerangueven (1871-1929), arrière-grand-mère de Stéphane Gilet

Les sœurs Laot

Marie Louise Laot
(1887-1929)

Cousine de Louise Joséphine
Marie Ollivier (1904-1997)

Marie Louise Laot

Yves Guerer (1907-1986), marié le 16 juin 1937 à Plougasnou avec Marie Le Lay (1916-2002)

Cousin de Louise Joséphine Marie Ollivier (1904-1997)

Yves Guerer

Marie Anne Guerer (1910-1997), mariée le 4 novembre 1931 à Plougasnou avec Jean François Branellec (1903- ?)[43]

Fille de Jean Pierre Guerer, né en 1872, marié le 9 juillet 1902 avec Anne-Marie Yvonne Ollivier (1877-1957), sœur de Tanguy Ollivier (1869-1960), arrière-grand-père de Stéphane Gilet (1964-)

Cousine de Louise Ollivier

____

[43] Ils étaient cultivateurs à Plougasnou.

Marie Anne Guerer

Marie Anne Gilet (1904-1993)

Jumelle de Louis Gilet, fille d'Yves Gilet (1863-1935) et de Françoise Cabioch (1869-1956).

Elle a épousé Guillaume Rohou (1901-1973) le 24 novembre 1931 à Saint-Pol-de-Léon.
Elle est la mère de Marie Françoise (1932-), d'Hélène (1934-), d'Henri et de René Rohou.

Marie Anne Gilet

Marie Françoise Rohou et Hélène Rohou,
enfants

À gauche : Marie Françoise « Mimi » (1932-)
À droite : Hélène (1934-)

Cousines germaines
D'Yves Louis Marie Gilet (1935-2025)

Marie Françoise et Hélène Rohou

Marie Françoise et Hélène Rohou, adultes

<u>À gauche</u> : Marie[44] Françoise, dite « Mimi »
<u>À droite</u> : Hélène

---

[44] Parfois, elle venait de Saint-Pol-de-Léon à Guimaëc pour aider sa tante, Louise Joséphine Marie Ollivier, à faire de la couture. Elle prenait avec elle sa machine à coudre et passait la semaine à la ferme de Keryer.

Marie Françoise et Hélène Rohou

Henri Rohou

Frère de Marie Françoise et d'Hélène Rohou

Cousin germain
d'Yves Louis Marie Gilet (1935-2025)

Henri Rohou

Henri Rohou

Basilique de St Pol de Léon

Les 24 et 25 mai 1951

Souvenir de ma communion solennelle et de
ma confirmation

Henri Rohou

Françoise Gilet

Communion solennelle
Basilique de l'annonciation,
Saint-Pol-de-Léon

Françoise Gilet est la fille de Louis Gilet (1904-?), jumeau de Marie Anne Gilet (1904-1993). Louis Gilet épousera Marie Josèphe Danielou[45] (1910-1965), le 18 novembre 1935 à Saint-Pol-de-Léon.

---

[45] Ils étaient cultivateurs à Saint-Pol-de-Léon.

Françoise Gilet

Tante Olive et Jeanne

Famille et amis non identifiés

Amie de Louise Joséphine Marie Ollivier
à Plougoulm

Yvonne Créach

Amies de Louise Joséphine
Marie Ollivier (1904-1997)

<u>De gauche à droite</u> :

Yvonne et Jeanne CRÉACH

Les sœurs Créach

Photo de Marcel LE BIHAN

Marcel Le Bihan

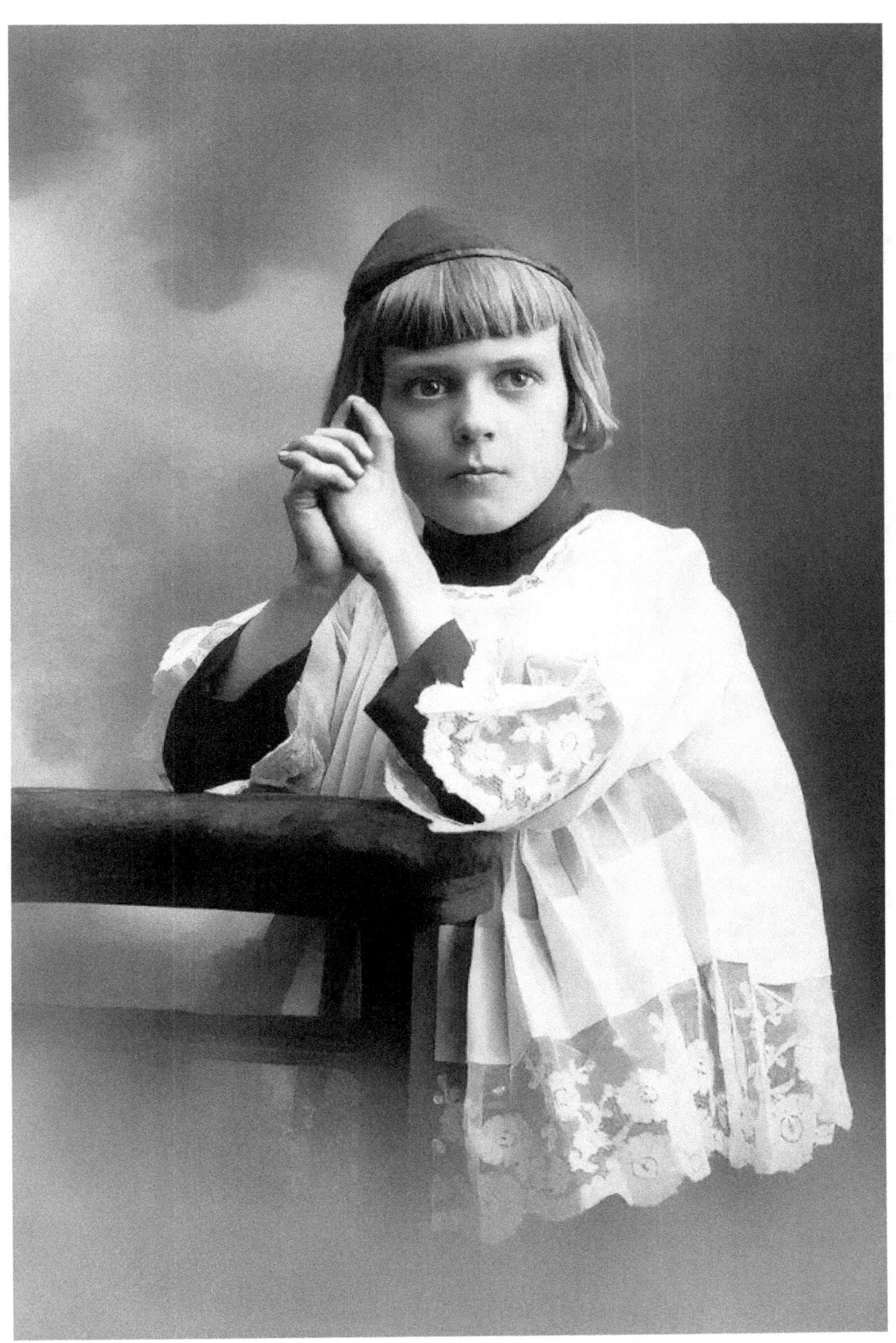

Une communiante

Communiante 1

Une communiante

Communiante 2

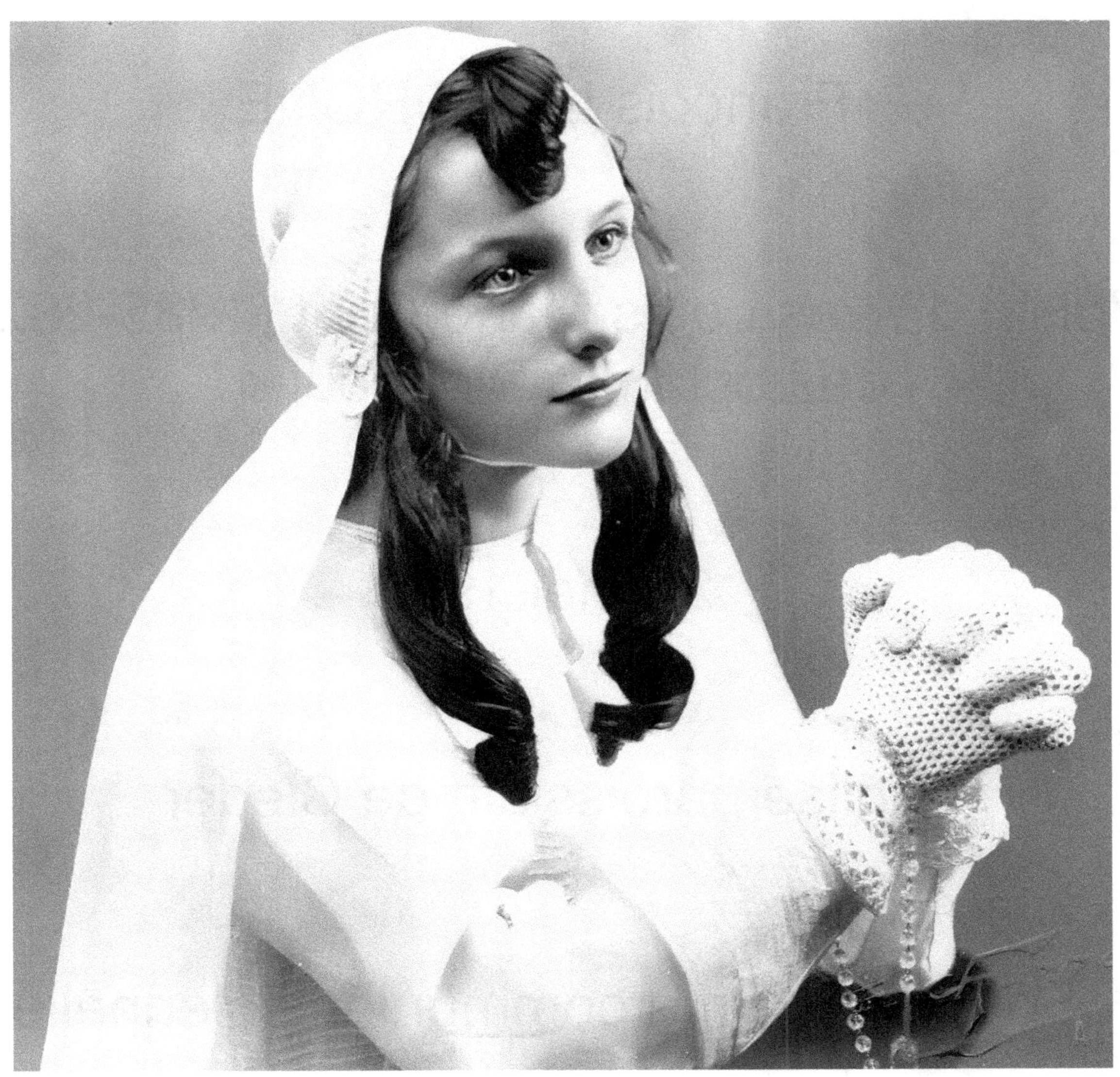

François LE BORGNE

Voisin d'Yves Louis Marie Gilet (1935-2025)
de Loclouar, Plougoulm

25 mai 1950

Église paroissiale de Cléder

Souvenir de ma communion solennelle

François Le Borgne

Paul Berthevas[46]

Voisin d'Yves Louis Marie Gilet (1935-2025) à
Loclouar, Plougoulm

20 mai 1956

Église paroissiale de Lanmeur

Souvenir de ma communion solennelle

---

[46]Avec Yves, ils faisaient partie de la même chorale bretonnante, les « PENOUCOAT » ils chantaient
ensemble encore en 2024, notamment dans les EHPAD de la région de Morlaix.

Paul Berthevas

Dans les années 1920

Mariage 1

Cousins de Sibiril

Famille Philipp

Amies de Louise Joséphine Marie Ollivier (1904-1997)

Yvonne Philipp et Yvonne Coat

Jean Nénez (1921-1944)
Fils de Jean Marie Nénez (1889-1974)

Tué dans son jardin par les Allemands durant la Seconde Guerre mondiale.

Jean Marie Nénez[47], marié le 4 juillet 1918 à Sibiril avec Anne Marie Laot (1889-1973), fille d'Yves Laot (1851-1915) et de Jeanne Louise Kerangueven (1861-1905), sœur de Marie Renée Kérangueven (1971-1929), arrière-grand-mère de Stéphane Gilet (1964-).

---

[47] Cocher puis employé des chemins de fer, certainement à Sibiril.

Jean Nénez

Début 1900

Famille Philipp

Cousins de Louise
Joséphine Marie Ollivier

Mariage 2

Coiffe traditionnelle
de la région
de Saint-Pol-de-Léon

Femmes portant la chikolodenn

CONCLUSION

Ce recueil de photos anciennes (avant 1950) est un témoignage irremplaçable de la mémoire familiale.

Il contribue à la transmission d'un ancrage historique dans le Haut-Léon en Bretagne (Finistère Nord) à travers la mise en photos de scènes de la vie quotidienne, de ses grands évènements (naissance, mariages et communions) et des différents modes vestimentaires de cette époque.

L'écrit et les photographies permettent à la mémoire familiale de prendre forme et à chacun de se replonger dans ces souvenirs pour mettre des mots sur son passé.

Ce livre est le premier d'une série de deux recueils. Le second étant consacré à la famille Guidal, Jourden et Gourmelon.

ANNEXES

Cartes postales anciennes

Un des fiefs de la famille Gilet

Le haras du Pin situé sur la commune du Pin au haras dans le département de l'orne en Normandie, où Yves Ollivier [48] a travaillé comme palefrenier dans les années 1920.

---

[48]Frère de Louise Joséphine Marie Ollivier.

LE HARAS-du-PIN — La Grille d'honneur

6. LE HARAS-du-FIN — Terrasse du Château
édit. Argentan

LE HARAS-du-PIN — Départ pour la Promenade - Le Boute-Selle

ARBRES CHRONOLOGIQUES

Christophe Gilet (1901-1965)

1901
20 juin

Naissance

📍 Lanvallou, Saint-Pol-de-Léon, 29259, Finistère, Bretagne, France

📝 Notes
Fratrie Jean Marie GILET 1891- Marie Louise GILET 1892-1988 Françoise GILET 1895- Claude GILET 1897-1918 Yves GILET 1899-1982 Christophe GILET 1901-1965 Hervé GILET 1903 Marie Anne GILET 1904-

1903
14 mai
22 mois

Naissance de son frère

Hervé Gilet

📍 Saint-Pol-de-Léon, 29259, Finistère, Bretagne, France

1904
10 déc.
3 ans

Naissance de sa soeur

Marie-Anne Gilet

📍 Saint-Pol-de-Léon, 29250, Finistère, Bretagne, France

1918
3 sept.
17 ans

Décès de son frère

Claude Gilet

📍 Mort pour la France - Cempuis, 60136, Oise, Picardie, France, à lâge de 21 ans

1919
12 nov.
18 ans

Mariage de sa soeur

Françoise Gilet & Laurent Mear

📍 Saint-Pol-de-Léon, 29250, Finistère, Bretagne, France

1919
12 nov.
18 ans

Mariage de sa soeur

Marie Louise Gilet & Jean François Marie QUERE

📍 Saint-Pol-de-Léon, 29250, Finistère, Bretagne, FRANCE

📝 Notes
Dont : Marie Therese QUERE 1920 Yves Marie QUERE 1923-1994

1920
18 oct.
19 ans

Mariage de son frère

Jean Marie Gilet & Marie Joséphine Faffres

📍 Saint-Pol-de-Léon, 29259, Finistère, Bretagne, France

1931
24 nov.
30 ans

Mariage de sa soeur

Marie-Anne Gilet & Guillaume Rohou

📍 Saint-Pol-de-Léon, 29250, Finistère, Bretagne, France

📝 Notes
Mariage - 24/11/1931- Saint-Pol-de-Léon ROHOU Guillaume Cultivateur, âgé de 30 ans (majeur), né le 02/06/1901 à Sibiril Domicilié à Sibiril fils de René, décédé et de Anne Marie DANIELOU, Cultivatrice Notes époux: (S) GILET Marie Anne Cultivatrice, âgée de 26 ans (majeure), née le 10/12/1904 à Saint-Pol-de-Léon Domiciliée à Kervent fille de Yves, Cultivateur et de Françoise CABIOCH, Cultivatrice Notes épouse (S)Témoins Jean Marie PAUGAM R Joseph Jean AUTRET (S). Mentions marginales : Une mention en marge de !acte existe mais nest pas divulgable sur internet avant 2031

1931
24 nov.
30 ans

Mariage de son frère

Hervé Gilet & Anne Marie Autret

📍 Saint-Pol-de-Léon, 29250, Finistère, Bretagne, France

1931
24 nov.
30 ans

Mariage de son frère

Yves Gilet & Marie Francine Paugam

📍 Saint-Pol-de-Léon, 29250, Finistère, Bretagne, France

📝 Notes
Mariée le 24 novembre 1931 (mardi).

1932
29 avr.
30 ans

Mariage

Avec Louise joséphine Marie Ollivier

📍 SIBIRIL, FINISTÈRE, BRETAGNE, FRANCE

1933
25 août
32 ans

Naissance de son fils

Claude marie Gilet

📍 SIBIRIL, FINISTÈRE, BRETAGNE, FRANCE

1935
28 févr.
33 ans

Décès de sa soeur

Françoise Gilet

📍 Plouénan, 29184, Finistère, Bretagne France, à l'âge de 39 ans

1935
3 mars
33 ans

Naissance de son fils

Yves Louis Marie Gilet

📍 Kerebars- Sibiril . Finistère. Bretagne. France.

1936
13 sept.
35 ans

Naissance de son fils

Louis Marie René Gilet

📍 Sibiril, 29250, Finistère, Bretagne, FRANCE

1944
16 juin

42 ans

Naissance de sa fille

Marie claude Gilet

📍 Plougoulm, 29192, Finistère, Bretagne, France

1956
25 sept.

55 ans

Décès de sa mère

Françoise Cabioch

📍 Saint-Pol-de-Léon, 29259, Finistère, Bretagne, France

1965

64 ans

Décès

Aucune information disponible.

Louise Joséphine Marie Gilet (1904-1997)

1904
7 mars

Naissance

📍 Plougoulm, 29192, Finistère, Bretagne, France

1906
2 ans

Naissance de son frère

Laurent-Marie Ollivier

1909
5 ans

Naissance de son frère

René François Marie Ollivier

1922
25 févr.
17 ans

Décès de son grand-père paternel

Yves louis marie Olier

📍 Sibiri, a l'âge de 85 ans

1929
25 mars
25 ans

Décès de sa mère

Marie Renée Keranguéven

📍 Sibiril à lâge de 58 ans,

1932
29 avr.
28 ans

Mariage

Avec Christophe Gilet

📍 SIBIRIL, FINISTÈRE, BRETAGNE, FRANCE

1933
25 août
29 ans

Naissance de son fils

Claude marie Gilet

📍 SIBIRIL, FINISTÈRE, BRETAGNE, FRANCE

1935
3 mars
30 ans

Naissance de son fils

Yves Louis Marie Gilet

📍 Kerebars- Sibiril . Finistère. Bretagne. France.

1936
13 sept.
32 ans

Naissance de son fils

Louis Marie René Gilet

📍 Sibiril, 29250, Finistère, Bretagne, FRANCE

1940
14 oct.
36 ans

Décès de son père

Tanguy Jean Joseph Ollivier

📍 Sibiril, à lâge de 71 ans

1944
16 juin
40 ans

Naissance de sa fille

Marie claude Gilet

📍 Plougoulm, 29192, Finistère, Bretagne, France

1949
45 ans

Décès de son frère

Jean-Pierre Ollivier

1965
61 ans

Décès de son conjoint

Christophe Gilet

1973
69 ans

Décès de son frère

René François Marie Ollivier

1981
77 ans

Décès de son frère

Yves Louis Marie Ollivier

1985
81 ans

Décès de son frère

Laurent-Marie Ollivier

1986
82 ans

Décès de sa soeur

Marguerite Ollivier

1986
82 ans

Décès de son frère

Joseph-Marie Ollivier

1988
1 août
84 ans

Décès de son fils

Louis Marie René Gilet

📍 Locquirec, 29133, Finistère, Bretagne, France

🗒 Notes
Décédé à l'âge de 51 ans.

1997
93 ans

Décès

📍 Locquirec, 29133, Finistère, Bretagne, France

Yves Louis Marie Gilet (1935-), fils de Christophe Gilet

1935
3 mars

Naissance

📍 Kerebars- Sibiril . Finistère. Bretagne. France.

1936
13 sept.
18 mois

Naissance de son frère

Louis Marie René Gilet

📍 Sibiril, 29250, Finistère, Bretagne, FRANCE

1940
14 oct.
5 ans

Décès de son grand-père maternel

Tanguy Jean Joseph Ollivier

📍 Sibiril, à lâge de 71 ans

1944
16 juin
9 ans

Naissance de sa soeur

Marie claude Gilet

📍 Plougoulm, 29192, Finistère, Bretagne, France

1956
25 sept.
21 ans

Décès de sa grand-mère paternelle

Françoise Cabioch

📍 Saint-Pol-de-Léon, 29259, Finistère, Bretagne, France

1964
2 oct.
29 ans

Naissance de son fils

Stéphane Gilet

1966
3 mai
31 ans

Naissance de son fils

Marc yves Gilet

📍 Lanmeur, 29113, Finistère, Bretagne, France

1967
11 sept.
32 ans

Naissance de son fils

Jean Claude Gilet

1972
9 nov.
37 ans

Naissance de son fils

Loïc Gilet

1974
18 févr.
38 ans

Naissance de sa fille

Corinne Gilet

1988
1 août
53 ans

Décès de son frère

Louis Marie René Gilet

♀ Locquirec, 29133, Finistère, Bretagne, France

✎ Notes
Décédé à l'âge de 51 ans.

1997
62 ans

Décès de sa mère

Louise joséphine Marie Ollivier

♀ Locquirec, 29133, Finistère, Bretagne, France

2002
13 mai
67 ans

Décès de sa soeur

Marie claude Gilet

♀ Saint-Martin-des-Champs, 29254, Finistère, Bretagne, France

✎ Notes
Décédée à l'âge de 57 ans .

2007
27 juin
72 ans

Décès de son frère

Claude marie Gilet

♀ Morlaix, France, à l'âge de 73 ans

2016
15 sept.
81 ans

Décès de son fils

Marc yves Gilet

♀ Plomelin, 29170, Finistère, Bretagne, France

2024
13 avr.

89 ans

Mariage de sa fille

Corinne Gilet & Léna Annick Françoise Guénégou

📍 La Feuillée, 29054, Finistère, Bretagne, France

Françoise Cabioch (1869-1956), mère de Christophe Gilet

1869
18 janv.

Naissance

📍 Villeneuve pen ar prat- Saint-Pol-de-Léon, 29250, Finistère, Bretagne, FRANCE

1887
1 mars
18 ans

Décès de sa grand-mère paternelle

Françoise Marc

📍 Rue des eaux - Saint-Pol-de-Léon, 29250, Finistère, Bretagne, FRANCE

1888
2 mars
19 ans

Décès de son père

Francois Cabioch

📍 Lanvallou - Saint-Pol-de-Léon, 29250, Finistère, Bretagne, FRANCE,

1888
25 juil.
19 ans

Mariage

Avec Yves Gilet

📍 Saint-Pol-de-Léon, 29250, Finistère, Bretagne, FRANCE

📝 Notes
Avec Françoise CABIOCH 1869- (voir note) dont Jean Marie GILET 1891- Marie Louise GILET 1892-1988 Françoise GILET 1895 Claude GILET 1897-1918 Yves GILET 1899-1982 Christophe GILET 1901-1965 Hervé GILET 1903○ Marie Anne GILET 1904

1891
26 mars
22 ans

Naissance de son fils

Jean Marie Gilet

📍 Lanvallou - St Pol de Léon, France

1897
15 juin
28 ans

Naissance de son fils

Claude Gilet

📍 Lanvollon St Pol de Léon, France

1899
5 sept.
30 ans

Naissance de son fils

Yves Gilet

📍 Lanvallou - St Pol de Léon, France

1901
20 juin
32 ans

Naissance de son fils

Christophe Gilet

📍 Lanvallou, Saint-Pol-de-Léon, 29259, Finistère, Bretagne, France

📝 Notes
Fratrie Jean Marie GILET 1891- Marie Louise GILET 1892-1988 Françoise GILET 1895- Claude GILET 1897-1918 Yves GILET 1899-1982 Christophe GILET 1901-1965 Hervé GILET 1903 Marie Anne GILET 1904-

1903
14 mai

34 ans

Naissance de son fils

Hervé Gilet

♥ Saint-Pol-de-Léon, 29259, Finistère, Bretagne, France

1918
3 sept.

49 ans

Décès de son fils

Claude Gilet

♥ Mort pour la France - Cempuis, 60136, Oise, Picardie, France, à lâge de 21 ans

1932
29 avr.

63 ans

Mariage de son fils

Christophe Gilet & Louise joséphine Marie Ollivier

♥ SIBIRIL, FINISTÈRE, BRETAGNE, FRANCE

1956
25 sept.

87 ans

Décès

♥ Saint-Pol-de-Léon, 29259, Finistère, Bretagne, France

Tanguy Jean Joseph Ollivier (1869-1940), père de Louise Joséphine Marie Ollivier

1869
22 janv.

Naissance

    📍 Sibiril, 29276, Finistère, Bretagne, France

1872
27 avr.

3 ans

Décès de sa grand-mère paternelle

Jeanne Henry

    📍 Manoir Moguériec - Sibiri,29250, Finistère, Bretagne, FRANCE, à lâge de 68 ans

1881
26 août

12 ans

Décès de sa mère

Marguerite Yvonne Le Jeune

    📍 Sibiril, à l'âge de 36 ans.

1888
22 sept.

19 ans

Décès de son grand-père paternel

Tanguy Marie Olier

    📍 Moguériec - Sibiril, 29250, Finistère, Bretagne, FRANCE, à l'âge de 84 ans

1897
28 ans

Naissance de son fils

Yves Louis Marie Ollivier

1899
30 ans

Naissance de son fils

Joseph-Marie Ollivier

1900
31 ans

Naissance de sa fille

Marguerite Ollivier

1902
33 ans

Naissance de son fils

Jean-Pierre Ollivier

1904
7 mars

35 ans

Naissance de sa fille

Louise joséphine Marie Ollivier

📍 Plougoulm, 29192, Finistère, Bretagne, France

1906

37 ans

Naissance de son fils

Laurent-Marie Ollivier

1909

40 ans

Naissance de son fils

René François Marie Ollivier

1922
25 févr.

53 ans

Décès de son père

Yves louis marie Olier

📍 Sibiri, a l'âge de 85 ans

1929
25 mars

60 ans

Décès de son conjoint

Marie Renée Keranguéven

📍 Sibiril à lâge de 58 ans,

1932
29 avr.

63 ans

Mariage de sa fille

Louise joséphine Marie Ollivier & Christophe Gilet

📍 SIBIRIL, FINISTÈRE, BRETAGNE, FRANCE

1940
14 oct.

71 ans

Décès

📍 Sibiril, à lâge de 71 ans

Marie Renée Kerangueven (1871-1929), mère de Louise Joséphine Marie Ollivier

1871
20 mars

Naissance

 ♀ Sibiril, 29276, Finistère, Bretagne, France

 ☑ Notes
 Naissance -20/03/1871 - Sibiril (Kérivoas) KERANGUEVEN Marie Renée enfant de Jean Louis, Culivateur , âgé de 48 ans et de Jeanne STRICOT, Ménagère , âgée de 40 ans Témoins : Ollivier STRICOT 50 ans Cultivateur à kérivoas Identifiant CGF de !'acte : N-1871-2927600-51902-021 65 - (Relevé'Etat civil NMD>=1793")

1873
11 juin
2 ans

Décès de sa grand-mère paternelle

 Marie-Anne Le Rest

 ♀ Kéraval?- SIBIRIL, FINISTÈRE, BRETAGNE, FRANCE, à l'âge de 87 ans

 ☑ Notes
 Décès L'an 1873, le 11 juin à 3 h du soir, devant nous Henry de L'Estang du Rusquec, Maire de Sibiril, ont comparu Rens Tanguy, âgé de 23 ans et Philippe Le Duc, 31 ans, tous deux cultivateurs demeurant à kéraval, en cette commune, le premier petit-fils et le second voisin de la défunte, lesquels nous ont déclaré que Marie-Anne Le Rest, cultivatrice âgée de 87 ans, originaire de Plouzévédé, veuve de Jean kéranguéven, fille de feus Joseph Le Rest et Anne Abasq cultivateurs à leur vivant de Plouzévédé, est décédée aujourd'hui à sa demeure à 1H de l'après-midi et aprés nous être assuré du décés, nous avons dressé le présent acte que les comparants ont déclaré ne savoir signé aprés lecture.

1896
11 juin
25 ans

Mariage

 ♀ Sibiril, 29250, Finistère, Bretagne, FRANCE,

 ☑ Notes
 Union avec Tanguy Jean Joseph OLLIVIER Mariage - 1 1/06/1896 - Sibiril OLLIVIER Tanguy Jean Joseph Cultivateur, âgé de 27 ans (majeur), né le 22/01/1869 à Sibiril fils de Louis, Cultivateur , âgé de 60 ans et de Marguerite LE JEUNE, décédée le 26/08/1881 à Sibiril Notes époux : N'8 Réside Sibiril Père réside Sibiril KERANGUEVEN Marie Renée Cultivatrice, âgée de 25 ans (majeure), née le 20/03/1871 à Sibiril

1897
26 ans

Naissance de son fils

 Yves Louis Marie Ollivier

1897
21 janv.
25 ans

Décès de son père

 Jean Louis Keranguéven

 ♀ Kerivoas - Sibiril, 29250, Finistère, Bretagne FRANCE, à láge de 73 ans

1899
28 ans

Naissance de son fils

 Joseph-Marie Ollivier

1900
29 ans

Naissance de sa fille

 Marguerite Ollivier

1902
31 ans

Naissance de son fils

Jean-Pierre Ollivier

1904
2 janv.
32 ans

Décès de sa mère

Marie Jeanne Stricot

- Décédée le 2 janvier 1904 (samedi)- Sibiril, 29250 Finistère, Bretagne, FRANCE à l'âge de 72 ans,

1904
7 mars
32 ans

Naissance de sa fille

Louise joséphine Marie Ollivier

- Plougoulm, 29192, Finistère, Bretagne, France

1906
35 ans

Naissance de son fils

Laurent-Marie Ollivier

1909
38 ans

Naissance de son fils

René François Marie Ollivier

1929
25 mars
58 ans

Décès

- Sibiril à l'âge de 58 ans,

Yves Gilet (1863-1935), père de Christophe Gilet

1863
29 juin

Naissance

> 📍 Saint-Pol-de-Léon, 29259, Finistère, Bretagne, France
>
> 📝 Notes
> Fratrie
>
> Julie GILET 1857- Jean Marie GILET 1860- Yves GILET 1863, Francois GILET 1865- Yves GILET 1867-
> Joseph GILET 1869 Gabriel GILET 1871.

1879
25 mars
15 ans

Décès de son père

> Guy Gillet
>
> 📍 Saint-Pol-de-Léon, 29259, Finistère, Bretagne, France
>
> 📝 Notes
> Décédé à l'âge de 48 ans.

1888
25 juil.
25 ans

Mariage

> Avec Françoise Cabioch
>
> 📍 Saint-Pol-de-Léon, 29250, Finistère, Bretagne, FRANCE
>
> 📝 Notes
> Avec Françoise CABIOCH 1869- (voir note) dont Jean Marie GILET 1891- Marie Louise GILET 1892-1988
> Françoise GILET 1895 Claude GILET 1897-1918 Yves GILET 1899-1982 Christophe GILET 1901-1965
> Hervé GILET 1903○ Marie Anne GILET 1904

1891
26 mars
27 ans

Naissance de son fils

> Jean Marie Gilet
>
> 📍 Lanvallou - St Pol de Léon, France

1892
29 juin
29 ans

Naissance de sa fille

> Marie Louise Gilet
>
> 📍 Lanvallou, Saint-Pol-de-Léon, 29259, Finistère, Bretagne, France

1895
19 août
32 ans

Naissance de sa fille

> Françoise Gilet
>
> 📍 Lanvallou, Saint-Pol-de-Léon, 29259, Finistère, Bretagne, France

1897
15 juin
33 ans

Naissance de son fils

> Claude Gilet
>
> 📍 Lanvollon St Pol de Léon, France

1899
5 sept.
36 ans

Naissance de son fils

> Yves Gilet
>
> 📍 Lanvallou - St Pol de Léon, France

1901
20 juin
37 ans

Naissance de son fils

> Christophe Gilet
>
> 📍 Lanvallou, Saint-Pol-de-Léon, 29259, Finistère, Bretagne, France
>
> 📝 Notes
> Fratrie Jean Marie GILET 1891- Marie Louise GILET 1892-1988 Françoise GILET 1895- Claude GILET 1897-
> 1918 Yves GILET 1899-1982 Christophe GILET 1901-1965 Hervé GILET 1903 Marie Anne GILET 1904-

1903
14 mai
39 ans

Naissance de son fils

Hervé Gilet

📍 Saint-Pol-de-Léon, 29259, Finistère, Bretagne, France

1904
10 déc.
41 ans

Naissance de sa fille

Marie-Anne Gilet

📍 Saint-Pol-de-Léon, 29250, Finistère, Bretagne, France

1918
3 sept.
55 ans

Décès de son fils

Claude Gilet

📍 Mort pour la France - Cempuis, 60136, Oise, Picardie, France, à l'âge de 21 ans

1919
12 nov.
56 ans

Mariage de sa fille

Françoise Gilet & Laurent Mear

📍 Saint-Pol-de-Léon, 29250, Finistère, Bretagne, France

1919
12 nov.
56 ans

Mariage de sa fille

Marie Louise Gilet & Jean François Marie QUERE

📍 Saint-Pol-de-Léon, 29250, Finistère, Bretagne, FRANCE

📝 Notes
Dont : Marie Therese QUERE 1920 Yves Marie QUERE 1923-1994

1920
18 oct.
57 ans

Mariage de son fils

Jean Marie Gilet & Marie Joséphine Faffres

📍 Saint-Pol-de-Léon, 29259, Finistère, Bretagne, France

1931
24 nov.
68 ans

Mariage de sa fille

Marie-Anne Gilet & Guillaume Rohou

📍 Saint-Pol-de-Léon, 29250, Finistère, Bretagne, France

📝 Notes
Mariage - 24/11/1931- Saint-Pol-de-Léon ROHOU Guillaume Cultivateur, âgé de 30 ans (majeur), né le 02/06/1901 à Sibiril Domicilié à Sibiril fils de René, décédé et de Anne Marie DANIELOU, Cultivatrice Notes époux: (S) GILET Marie Anne Cultivatrice, âgée de 26 ans (majeure), née le 10/12/1904 à Saint-Pol-de-Léon Domiciliée à Kervent fille de Yves, Cultivateur et de Françoise CABIOCH, Cultivatrice Notes épouse (S)Témoins Jean Marie PAUGAM R Joseph Jean AUTRET (S). Mentions marginales : Une mention en marge de !acte existe mais nest pas divulgable sur internet avant 2031

1931
24 nov.
68 ans

Mariage de son fils

Hervé Gilet & Anne Marie Autret

📍 Saint-Pol-de-Léon, 29250, Finistère, Bretagne, France

1931
24 nov.
68 ans

Mariage de son fils

Yves Gilet & Marie Francine Paugam

📍 Saint-Pol-de-Léon, 29250, Finistère, Bretagne, France

1932
29 avr.

68 ans

Mariage de son fils

Christophe Gilet & Louise joséphine Marie Ollivier

♦ SIBIRIL, FINISTÈRE, BRETAGNE, FRANCE

1935
12 janv.

71 ans

Décès

♦ Saint-Pol-de-Léon, 29250, Finistère, Bretagne, FRANCE

L'arbre généalogique remonte en ligne directe jusqu'en 1520.

Les familles Gilet, Cabioch, Kerangueven et Ollivier sont installées dans la région de Roscoff et Saint-Pol-de-Léon depuis au moins cette époque.

ARBRE GÉNÉALOGIQUE

Quatre générations

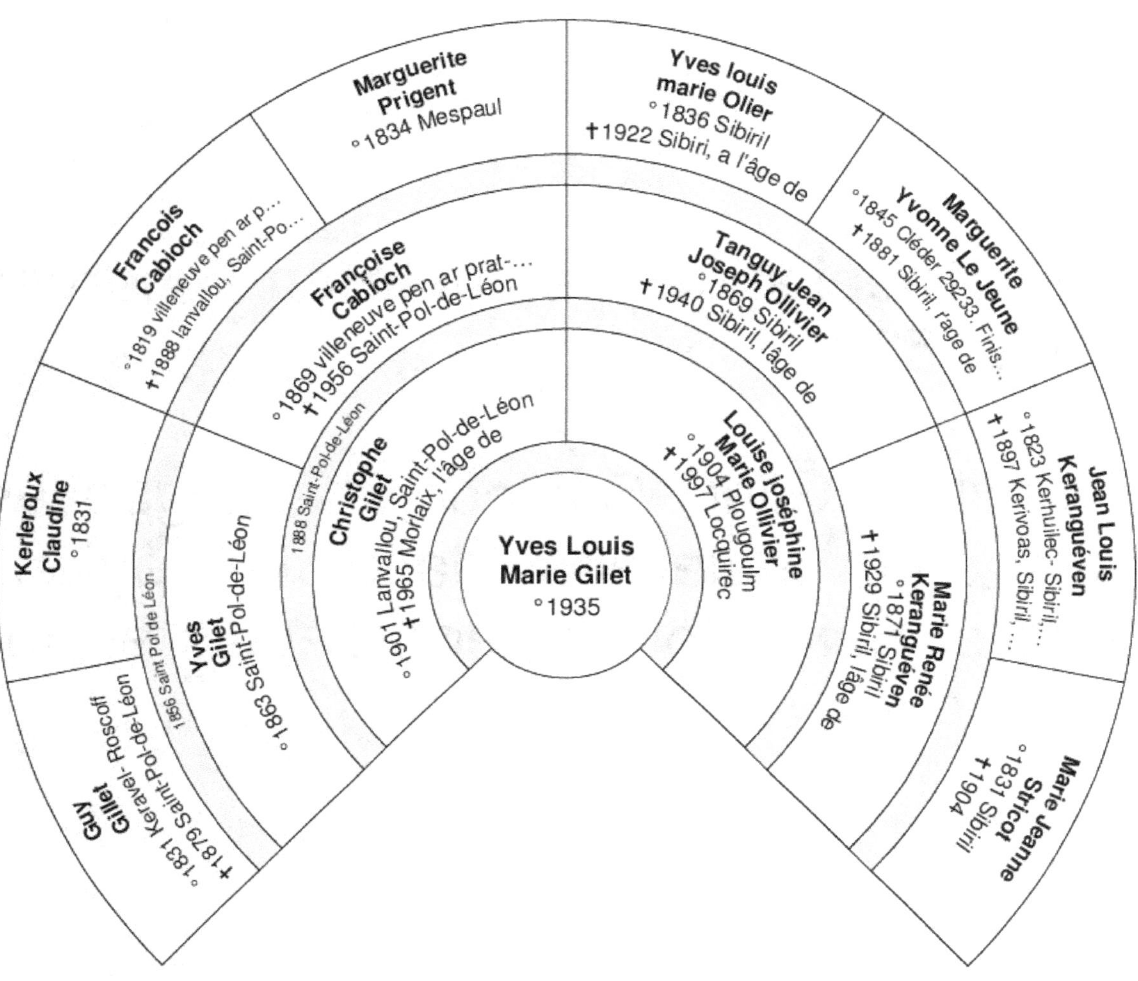

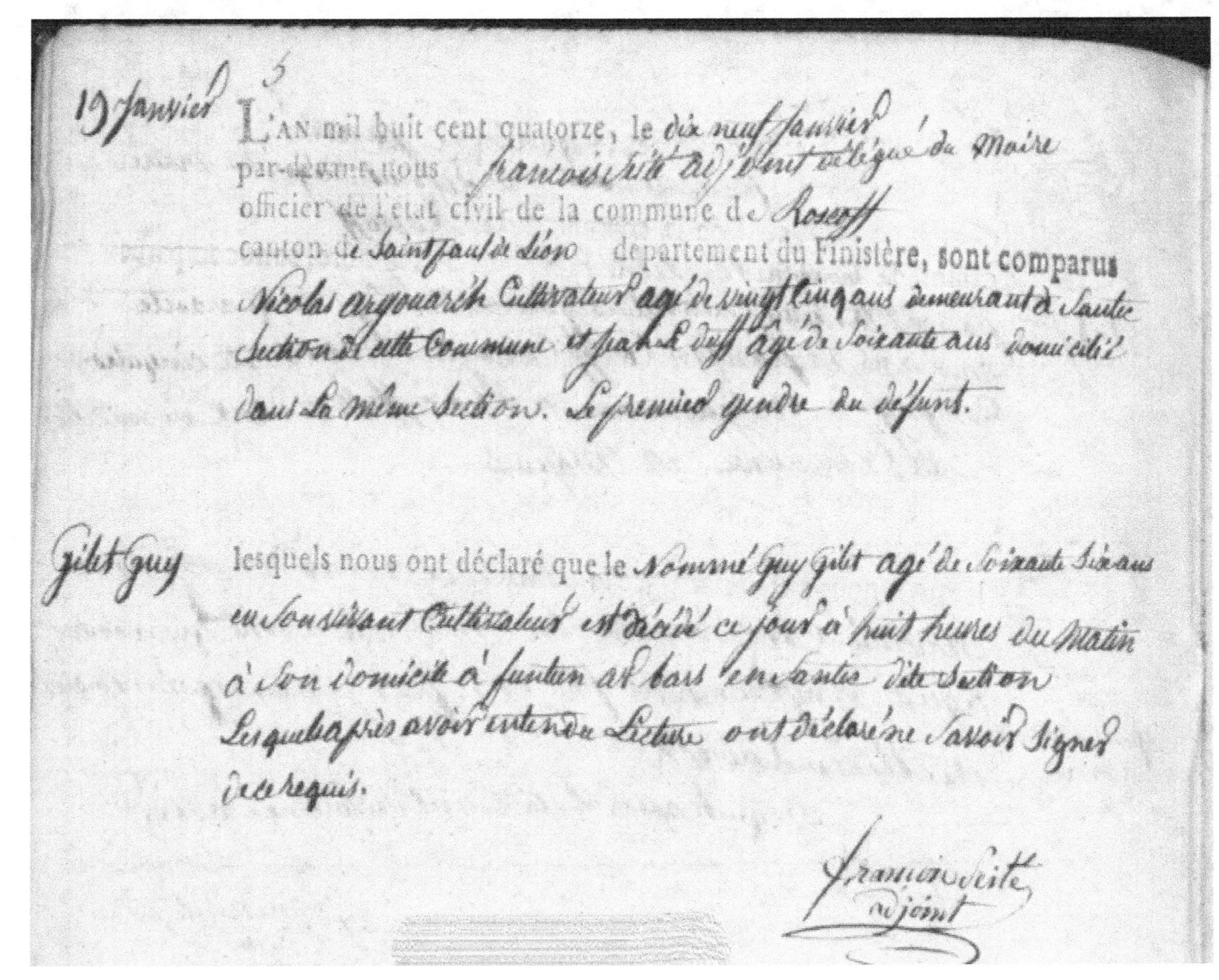

19 janvier — 5

L'an mil huit cent quatorze, le dix neuf janvier par-devant nous François Scite adjoint délégué du Maire officier de l'état civil de la commune de Roscoff canton de Saint paul de Léon departement du Finistère, sont comparus Nicolas Argouarch Cultivateur agé de vingt cinq ans demeurant à Santec Section de cette Commune et jean le deff agé de soixante ans domicilié dans la même section. Le premier gendre du deffunt.

Gilet guy — lesquels nous ont déclaré que le nommé Guy Gilet agé de soixante six ans en son vivant Cultivateur est décédé ce jour à huit heures du Matin à son domicile à Santec et bas encantes dite section Lesquels après avoir entendu Lecture ont déclaré ne savoir signer de ce requis.

François Scite adjoint

Certificat de décès de Guy Gilet (1747-1814)
19 janvier 1814
Arrière-arrière-grand-père de Christophe Gilet

Fiche matriculaire et d'affection, 8 avril 1921
103ᵉ régiment d'infanterie
Soldat de deuxième classe, Christophe Gilet
(1901-1965)

Du 29 Avril 1932

N° 4

MARIAGE

de

Gilet
Christophe

et de

Ollivier
Louise Joséphine Marie

CZ 69665

Le vingt neuf Avril mil neuf cent trente-deux à dix heures devant Nous, ont comparu publiquement en la maison commune Christophe Gilet, cultivateur, né le dix neuf juin mil neuf cent un à Saint-Pol-de-Léon, trente ans, domicilié à Saint-Pol-de-Léon, fils de Yves Gilet et de Françoise Cabioch son épouse, cultivateurs, domiciliés à Saint-Pol-de-Léon, d'une part;

Et Louise Joséphine Marie Ollivier, cultivatrice, née le sept mars mil neuf cent quatre, à Plougoulm, vingt huit ans, domiciliée à Sibiril, fille de Tanguy Jean Joseph Ollivier, cultivateur, domicilié à Sibiril et de Mahiel Renée Kéranguéven son épouse, décédée, d'autre part

Les futurs époux déclarent qu'il n'a pas été fait de contrat de mariage

Christophe Gilet et Louise Joséphine Marie Ollivier ont déclaré l'un après l'autre vouloir se prendre pour époux, et nous avons prononcé, au nom de la loi, qu'ils sont unis par le mariage.

En présence de Maudez Rohou, retraité de la Marine et de Pierre Kérivoy, électricien, domiciliés à Sibiril, témoins majeurs qui, lecture faite, ont signé avec les époux

et Nous, François Elard, Conseiller municipal de Sibiril, officier de l'état-civil par délégation du Maire de Sibiril, canton de Saint-Pol-de-Léon, arrondissement de Morlaix (Finistère) et en l'absence de l'adjoint.

Gilet   Ollivier
F. Elard   Kérivoy
             Rohou

Mariage de Christophe Gilet et de Louise Joséphine Marie Ollivier le 29 avril 1932 à Sibiril

243

N° 8

MARIAGE

de

Ollivier
Tanguy-Jean-Joseph

et de

Keranguéven
Marie-Renée

L'AN mil huit cent quatre-vingt-seize, le *onze Juin* à *onze* heures du *matin* devant Nous *Jean-Marie Méar, adjoint au* Maire, Officier de l'État Civil de la commune de Sibiril, canton de St-Pol-de-Léon, arrondissement de Morlaix, sont comparus en notre Maison commune *Ollivier Tanguy-Jean-Joseph, cultivateur, âgé de vingt-sept ans, né le vingt-deux Janvier mil huit cent soixante-neuf à Sibiril et y domicilié, célibataire, fils majeur de Louis Ollivier, âgé de soixante ans, cultivateur domicilié à Sibiril, présent et consentant au mariage, et défunte Marguerite Le Jeune, décédée le vingt-six août mil huit cent quatre-vingt-un à Sibiril, d'une part, et Keranguéven Marie-Renée, cultivatrice, âgée de vingt-cinq ans, née le vingt mars mil huit cent soixante-onze à Sibiril et y domiciliée, célibataire, fille majeure de Jean-Louis Keranguéven, âgé de soixante-treize ans, et de Jeanne Stricot, âgée de soixante-cinq ans, cultivateurs domiciliés à Sibiril, présents et consentant au mariage, d'autre part.*

Lesquels nous ont requis de procéder à la célébration du mariage projeté entre eux, et dont les publications ont été faites devant la principale porte de notre Maison commune, les deux dimanches *vingt-quatre et trente-un mai derniers.*

aucune opposition audit mariage ne nous ayant été signifiée ; après avoir été interpellés de déclarer s'il a été fait un contrat de mariage, les futurs époux ainsi que les personnes qui autorisent le mariage ayant répondu *négativement*

Vu les extraits, dûment légalisés constatant les naissances et décès dont il vient d'être parlé, pièces qui ont été déposées entre nos mains, et qui seront annexées au présent ; faisant droit à la réquisition des parties, après avoir donné lecture de toutes les pièces ci-dessus mentionnées, et du chapitre VI du titre V du Code civil, intitulé du Mariage, avons demandé au futur époux et à la future épouse s'ils veulent se prendre pour mari et pour femme ; chacun d'eux ayant répondu séparément et affirmativement, déclarons au nom de la Loi que *Ollivier Tanguy-Jean-Joseph et Keranguéven Marie-Renée* sont unis par le mariage

De tout quoi nous avons dressé acte publiquement, en présence de : 1° *Philippe Laurent, cultivateur* âgé de *trente-neuf ans* demeurant à *Cléder, beau-frère du contractant,* : 2° *Philippe Louis, cultivateur* âgé de *trente-deux ans,* demeurant à *Cléder, beau-frère du contractant* : 3° *Ollivier Jean-Marie, cultivateur* âgé de *quarante-sept ans,* demeurant à *Sibiril, oncle du contractant* : 4° *Keranguéven Yves, cultivateur* âgé de *trente-neuf ans,* demeurant à *Sibiril, frère de la contractante* et, après lecture du présent acte, *ils ont signé avec nous excepté la mère de la contractante qui a déclaré ne le savoir faire, et le premier*

Témoin Keranguéven   Ollivier Louis

Marie Keranguéven   Ollivier André

Philippe Louis   Ollivier J.M.   Keranguen

Méar

Mariage de Tanguy Jean Joseph Ollivier
et Marie Renée Kerangueven
le 11 juin 1896 à Sibiril

L'an mil huit cent quatre-vingt-huit, le *** juillet, à dix heures du matin ; Par devant nous *** adjoint faisant par délégation spéciale du Maire les fonctions d'officier public de l'Etat civil de la commune de Saint-Pol-de-Léon, arrondissement de Morlaix, département du Finistère, sont comparus en la maison commune dont les portes étaient ouvertes au public, pour contracter mariage : ***

N° 28
Gilet
Yves
ET
Cabioch,
Françoise
—

Lesquels étaient accompagnés des quatre témoins, ci-après dénommés, savoir : MM *** Cabioch, âgé de cinquante-huit ans, oncle paternel de la contractante, Yves Gilet, âgé de vingt un ans, frère du contractant, Louis Moreau, âgé de vingt quatre ans, cousin des contractants, et *** âgé de vingt cinq ans, ami du contractant, lesquels quatre *** demeurant *** en cette commune

Après avoir donné lecture aux parties et aux témoins : 1° des actes de naissances *** : 2° des publications faites sans opposition en cette commune *** 3° Du Chapitre Six, titre V du mariage, Livre 1er du Code Civil des Français. Après avoir reçu : 1° La déclaration faite sur notre interpellation par les futurs époux et les personnes ici présentes pour autoriser le mariage en exécution de la loi du dix juillet mil huit cent cinquante ***

Nous susdit officier public, avons demandé aux futurs époux s'ils veulent se prendre pour mari et pour femme, et chacun d'eux ayant répondu séparément et affirmativement, nous avons prononcé au nom de la loi que : Yves Gilet et Françoise Cabioch, sont unis par le mariage ;

De tout quoi nous avons dressé le présent acte qui a été lu aux parties et aux témoins, et que ***

Mariage d'Yves Gilet de Françoise Cabioch
le 25 juillet 1888 à Saint-Pol-de-Léon

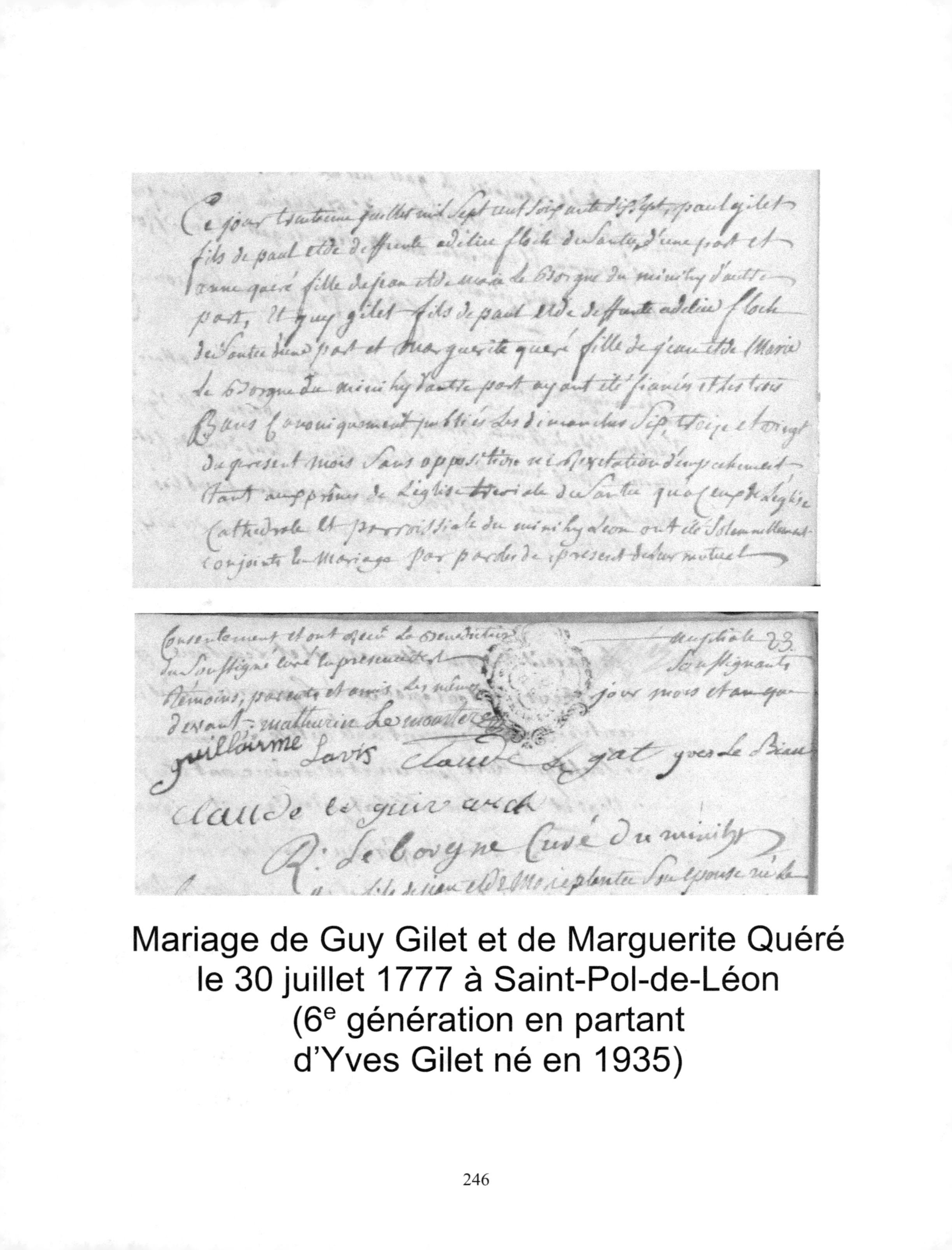

Mariage de Guy Gilet et de Marguerite Quéré
le 30 juillet 1777 à Saint-Pol-de-Léon
(6ᵉ génération en partant
d'Yves Gilet né en 1935)

RECHERCHER MES ANCÊTRES

Geneanet
https://www.geneanet.org/

Centre généalogique du Finistère
https://cgf.bzh/

OUVRAGES DE L'AUTEUR

GILET, S. (2025). *Souvenirs de mes ancêtres. Photos de familles bretonnes - Pays du Léon avant 1950.* Stéphane Gilet Éditeur. 2e édition revue et augmentée.
https://www.amazon.fr/Souvenirs-mes-anc%C3%AAtres-familles-bretonnes-ebook/dp/B0DNRS9VRT/

GILET, S. (2025). *LES PAPIERS DE MES ANCÊTRES. Familles GILET et CABIOCH.* Stéphane Gilet Éditeur.
https://www.amazon.fr/PAPIERS-MES-ANC%C3%8ATRES-Familles-CABIOCH/dp/B0F2RZW54N/

GILET, S. (2025). *LES PAPIERS DE MES ANCÊTRES. Familles OLLIVIER et KERANGUEVEN.* Stéphane Gilet Éditeur.
https://www.amazon.fr/PAPIERS-MES-ANC%C3%8ATRES-Familles-KERANGUEVEN/dp/B0F2YQ8F8K/

GILET, S. (2025). *LES PAPIERS DE MES ANCÊTRES. Correspondances familiales (1918-1930).* Stéphane Gilet Éditeur.
https://www.amazon.fr/PAPIERS-MES-ANC%C3%8ATRES-Correspondances-

familiales/dp/B0F313TQ85/

GILET, S. (2024). *MES ANCÊTRES : DES BRETONS.*
Stéphane Gilet Éditeur.
https://www.amazon.fr/MES-ANC%C3%8ATRES-
BRETONS-Familles-Guidal/dp/B0DNZ4T268/

GILET, S. (2025). *LES PAPIERS DE MES ANCÊTRES.*
Familles GUIDAL et JOURDEN.
https://www.amazon.fr/PAPIERS-MES-
ANC%C3%8ATRES-Familles-
JOURDEN/dp/B0F5GSZMRT/

GILET, S. (2025). *LES PAPIERS DE MES ANCÊTRES.*
Familles JOURDAIN et GOURMELON.
https://www.amazon.fr/PAPIERS-MES-
ANC%C3%8ATRES-Familles-
GOURMELON/dp/B0F9WB63TZ

À PROPOS DE L'AUTEUR

Stéphane Gilet est le fils aîné d'Yves Gilet et de Jacqueline Guidal. Il a toujours été passionné par l'histoire de la Bretagne et des Celtes. Il est resté très attaché aux valeurs transmises par ses ancêtres, notamment le rapport de sacralisation à la nature.